ブックレット
統語論・文法論概説

中村 浩一郎・西原 哲雄［著］

BOOKLET
A Study of Syntax and Grammar

開拓社

まえがき

本書は，『ブックレット概説シリーズ』の一巻として刊行されたものである。基本的には，本シリーズは英文科，英米語学科，英語教育学科，国際学部などの学部や学科において英語学や言語学を専門科目として履修する学生諸君を対象とした英語学・言語学の特定の分野や関連する複数の分野に焦点を当てた概説書兼入門書である。なお，本書では第1～7章を中村が担当し，第8章を西原が担当している。

本シリーズは，半期での使用を想定しており，サイズはコンパクトで，ページ数も最小限にとどめてはいるが，基本的な概念からそれぞれの用語を説明しながらも，最新の研究成果を盛り込むようにも努力した。取り扱う分野は，英語学や言語学の分野に特化しているが，関連分野もできるだけ取り上げることとした。

各シリーズにては，序章から読み始めていただくことをお勧めするが，それぞれの章から読み始めていただいても，十分にその内容を理解できるように工夫をしたつもりである。

各書では，西原が執筆（編集）をしながらも，各分野の専門分野の研究者（本書では，中村氏）の方との共著体制をとっており，専門分野の内容のレベルが読者に十分に満足していただけるような構成となるように努めた。

最後に，本シリーズの刊行を快諾していただき，常にサポートをしていただいた開拓社の川田賢氏に心から感謝し，ここに記して，特に御礼を申し上げたい。

2022年10月　　　　西原哲雄・中村浩一郎

目　次

序　章

本ブックレットは，英語，日本語など言語の文法規則に対して原理的説明を加える研究分野である統語論と，単語の成り立ちを分析する研究分野である形態論の研究内容を概説するものである。豊富な用例を示し，最新の研究成果も踏まえ，何が問題となるのか，あるいはどのような分析ができるのかを明解に解説している。本章では各章の内容を簡単に紹介する。

第 1 章では英語の構造について分析する前段階として，学校文法で展開される 5 文型：SV，SVC，SVO，SVIODO，SVOC についてまず概説する。そして，この 5 文型では説明できない構文として前置詞句あるいは副詞句が，動詞が必要とする要素であることを考慮し，SVA，SVCA，SVOA の 3 文型を加える可能性を示す。そして，動詞が必要とする要素を包括する補部という概念を導入する。

この補部という概念を理解するためには主要部－補部の関係を理解することが必須である。そのため，第 2 章で動詞の項構造，すなわち動詞，すなわち主要部がその形態を完成するために必要とする要素としての補部との関係を捉えるために X′（エックスバー）理論を導入する。動詞（主要部）－補部（名詞句，形容詞句，前置詞句）関係を明確にした後，名詞，形容詞，前置詞，さらには時制要素，that などの補文標識，つまりその後に文を従える要素を主要部とした場合の構造構築の方法を示す。

第 3 章では，第 2 章で示した X′ 理論で具体的に文を分析することができる具体例を示す。すなわち，解釈に曖昧性がある文のそれぞれの意味を階層構造で明示する。さらに，生起に制限がある否定対極表現の構造を明示する。すなわち，英語においても日本語においても否定対極表現が否定辞よりも構造的に下であることを樹形図を使って示す。

第4章では，第3章に引き続き，意味の曖昧性を持つ文の意味解釈を統語構造で示す方法を明示していく。数量詞の作用域をその具体例として，表層で意味が表示される場合とそうでない場合を示し，表層では意味解釈が明示されない場合には，意味解釈を表示する構造である論理形式（Logical Form: LF）における数量詞繰り上げ（Quantifier Raising: QR）により構造を表示できることを示す。さらに，表層で要素が文頭に移動しその結果意味解釈が正しく表示される表層の QR についても言及する。

第5章では補文としての to 不定詞，動名詞，使役構文，さらには小節（small clause）について論じる。一見すると同一に見える to 不定詞補文構造が，実際には CP 構造を取るもの，IP 構造を取るものに区別する必要があることを論じていく。さらには，to 不定詞補文の意味上の主語を規定するコントロール理論について概説する。また，seem，appear などの動詞が取る繰り上げ構文についても分析する。

第6章では，時制節補文を取り扱う。動詞にはその語彙特性として wh 疑問文を補部として取れない think や wh 疑問文を補部として取ることができる know のような動詞がある。このような語彙特性に基づく補文を素性照合（feature cheking）という概念を用いて分析することを試みる。さらに，補文としての同格 that 節，NP 修飾補部としての関係詞の働きをする that 節を取りあげ，演算子移動（Operator Movement）分析を行う。

第7章では，情報構造（Information Structure: IS）構築に関わる構文を分析する。具体的には日本語と英語の主題・焦点構造とかき混ぜ，分裂文，倒置構文，there 構文，受動文，さらには類似した形式は持つものの意味解釈が異なる文型も取りあげる。すなわち，SVIODO 構文と SVDO＋PP 構文の示す意味解釈の違いとその構造について分析する。

第 8 章ではどのような語が組み合わされ，どのような語が作成されるかを取り扱う形態論について概説する。具体的には，形態論の基本概念である接頭辞（prefix），接尾辞（suffix）の解説から始まる。次に，blackboard のような複合名詞とも名詞句ともみなされうる語の強勢付与について分析する。すなわち BLACKboard となると複合語，black BOARD となると名詞句であることを，豊富な用例を示して論じる。また，単語の強勢を変える接辞であるクラス I 接辞と強勢を変えない接辞であるクラス II 接辞についてもどちらが先に語に付加するか，という順序づけに基づいて解説する。さらに unhappier のような屈折変化について，分析を加える。最終的には形態論には音韻論，意味論さらには統語論が相互に関係していることを示し，言語研究分野間の相互作用あるいはインターフェイスについて明解に解説する。

第1章　英語の構造
—5文型とその問題点から主要部の認可へ*

1.1.　統語論とは何か

統語論（syntax）とは，文がどのように構成されているかを扱う部門である。いわゆる「学校英文法」は規範文法とも呼ばれ，「～するべきである」という文法の決まり事を扱っている。それに対して，統語論で扱う内容は，文法という決まり事の背景にある規則を理論的に述べるものである。本章ではまず英語の5文型について述べ，5文型の不足を補うものとして考案された8文型を概説する。その後，統語的な決まり事としての文型をいわば包括する概念としての補部，あるいは主要部が補部を認可（licensing）することについて概説する。

* 第1章から第7章はJSPS科研費19K00666とJSPS科研費19K00557の助成を受けている。草稿に対して多くの有益な助言を頂いた福田稔氏に感謝申し上げる。

1.2. 5文型

英語の文構造を考えるとき，文型という概念から考えることが多い。多くの場合，SV，SVC，SVO，SVIODO，SVOC という5つからなる5文型に基づき英文を分析する。本節では，まず5文型について概説する。

1.2.1. 第1文型：SV

主語-動詞で文が完成する構造を持つ文型である。以下のような文がその具体例として挙げられる。

(1) a. Birds fly.
　　b. We'll see.
　　c. Time goes by.

これらの文では，主語 birds, we, time と動詞 fly, see, goes だけで文の内容が完成する。

1.2.2. 第2文型：SVC

主語，動詞に続いて主語の内容を説明する要素である C (complement，補語) を伴って文が完成する構文である。以下のような例が挙げられる。

(2) a. I am a teacher of English.
　　b. My son is getting smart.
　　c. My son turns 6 years old today.

ここでは，主語 I, my son が動詞 am, is getting, turns を伴い，主語の状態を説明する要素である補語 teacher of English, smart, 6 years old を伴って文が完成する。

1.2.3. 第3文型：SVO

この文型では，主語が動詞を伴い，その動詞の動作を直接受ける対象である O（object，目的語）を伴う。以下を例として挙げる。

(3) a. My son plays baseball everyday.
  b. My daughter reads books in the library.
  c. I appreciate some help from my colleagues.

ここでは主語 my son，my daughter，I が動詞 plays，reads，appreciate を伴い，その動詞の作用を直接受ける対象としての目的語 baseball，books，some help を伴う。ここで，SVO を取る動詞の中で -ing 形を目的語として取る動詞とその例を Swan (2016) から挙げる。

(4) admit，appreciate，avoid，burst out，consider，contemplate，delay，deny，detest，dislike，endure，enjoy，escape，excuse，face，fancy，feel like，finish，forgive，give up，(can't) help，imagine，involve，keep (on)，leave off，mention，mind，miss，postpone，practise，put off，resent，resist，risk，(can't) stand，suggest，understand

(5) a. I enjoy traveling.
  b. He's finished repairing the car.
  c. She's given up smoking.
  d. The doctor suggested taking a long rest.

次に，Swan (2016) から to 不定詞が後続する動詞の例と例文を挙げる。

(6) afford, agree, appear, arrange, ask, attempt, (can't) bear, beg, begin, care, choose, consent, continue, dare, decide, expect, fail, forget, go on, happen, hate, help, hesitate, hope, intend, learn, like, love, manage, mean, neglect, offer, prefer, prepare, pretend, propose, promise, refuse, regret, remember, seem, start, swear, trouble, try, want, wish

(7) a. It's beginning to rain.
b. I don't want to see you again.
c. She seems to be crying.
d. I expect to have finished by tomorrow morning.
e. The car needs to be cleaned.

Seem あるいは appear は他動詞ではなく，自動詞なので，to 不定詞は C と扱うべきであると思われる。want も後続する to 不定詞は C として扱うべきかもしれない。この点については第5章で述べる。

1.2.4. 第4文型：SVIODO

この文型では，主語が授受を中心とする意味を持つ動詞を伴い，受け手である IO（Indirect Object，間接目的語）と移動する対象である DO（Direct Object，直接目的語）を伴い文の内容が完成する。

(8) a. I gave Katie a beautiful bouquet.
b. My daughter sent her boyfriend a heartwarming letter.
c. I passed my son a secret recipe.

ここでは，主語 I，my daughter，I が動詞 gave，sent，passed と受け手である Katie，her boyfriend，my son と受け取るものである a beautiful bouquet，a heart-warming letter，a secret recipe を伴い，文の意味が完成する。以下に Swan (2016) から SVIODO 構文を取る主な動詞を挙げる。これらの動詞は SVO +PP 構文も取れる。

(9) bet，bring，build，buy，cost，get，give，leave，lend，make，offer，owe，pass，pay，play，post，promise，read，refuse，sell，send，show，sing，take，teach，tell，throw，wish，write

ここで，注目すべき統語的特性を挙げておく。すべての動詞が SVIODO 構文と SVO+PP 構文を取るわけではない。以下，Swan (2016) から引用する。

(10) a. They donated money to the museum.
b. *They donated the museum money.

(11) a. I pushed the plate to Anna.
b. *I pushed Anna the plate.

(12) a. He carried the baby to the doctor.
b. *He carried the doctor the baby.

(13) a. I'd like him to explain his decision to us.
b. *I'd like him explain us his decision.

(14) a. Can you suggest a good dentist to me?
b. *Can you suggest me a good dentist?

(15) a. Please describe your wife to us.
b. *Please describe us your wife.

(16) a. I took some money to her.

cf. *I took some money from her.
b. I took her some money.

(10)-(15) の (a) が示すとおり，donate, push, carry, explain, suggest, describe は SVO＋PP は取れるが，SVIODO 構文は取れない。(17a, b) で示すとおり，introduce も SVIO-DO を取れない。

(17) a. Let me introduce my wife to you.
b. *Let me introduce you my wife.
a′. 私の妻をあなたに紹介させて下さい。
b′. あなたに私の妻を紹介させて下さい。

日本語では (17a′, b′) ともに容認される。SVIODO と SVO＋PP 構文のどちらも取れるが，示す意味が異なる動詞に関しては第5章で述べる。

1.2.5. 第5文型：SVOC

この文型では主語が動詞と目的語と補語を伴う。目的語と補語には主述関係があると言われる。

(18) a. His strong will made him a great doctor.
b. I want my son to be a wonderful linguist.
c. I let my daughter go to college in the US.

ここでは主語 his strong will, I, I が動詞 made, want, let を取り，目的語 him, my son, my daughter と補語 a great doctor, a wonderful linguist, go to college in the US を伴う。

SVOC 構文に関しては，その形態の多様性について考察する必要がある。目的語に to 不定詞が後続する動詞の例と例文を

Swan (2016) から挙げる。

(19) advise, allow, ask, (can't) bear, beg, cause, command, compel, encourage, expect, forbid, force, get, hate, instruct, intend, invite, leave, like, love, mean, need, oblige, order, permit, persuade, prefer, recommend, remind, request, teach, tell, tempt, trouble, want, warn, wish

(20) a. I want you to listen.
b. She didn't want me to go.
c. They don't allow people to smoke.
d. I didn't ask you to pay for the meal.

以下は目的語に原形不定詞が後続する動詞の例と例文である。

(21) feel, have, hear, help, let, make, notice, see, watch

(22) a. Why won't you let me explain?
b. I heard her open the door and go out.

次に，目的語に -ing 形が後続する例文を挙げる。

(23) a. I caught the next-door children stealing my apples.
b. I dislike people telling me what to do.
c. We found a dead mouse lying on the kitchen door.
d. I can't imagine him working in an office.
e. Nobody can stop him doing what he wants to.
f. Try to stop/prevent him (from) finding out.

(23f) は口語では前置詞 from を省略する形態で使われる。

1.2.6. 5文型の問題点・不備

前節では5文型について概観してきた。しかし，5文型ですべての英文を説明できるわけではない。以下の例文を見られたい。

(24) a. He depended on his friends' generosity.
b. I am afraid of making mistakes.
c. I explained to her how to use the washer and dryer.

(24a) における on his friends' generosity, (24b) における of making mistakes, (24c) における to her, how to use washer and dryer は 動詞 depend, be, explain の意味を完成させるために必要な要素である。にもかかわらず，これらの要素は O とも C ともみなされない。前置詞句は定義上 O にも C にもなれないからである。しかし，このような前置詞句であっても，文型を構成する要素とみなさず，M (modifier, 修飾句) とする考え方がある。これに対して，5文型を維持するために，文の構成に必要な要素で，かつ名詞でも形容詞でもないものを A (Adjunct, 付加詞) とみなし，これらを文型に組み入れ，8文型とする考え方がある。以下，安藤 (1983) を元に分析していく。[1]

1.2.6.1. SVA

(25) a. A: Where's Mom?　B: Mom's upstairs.
b. He lives in Boston.
c. The castle stands on the hill.

(25aB, b, c) における副詞 upstairs, 前置詞句 in Boston, on the

[1] 勝見 (2001) は SVA, SVOA を加えた7文型を提唱している。また，瀬田 (1997) は付加詞を必須要素でない要素と説明している。

hill は文を構成するために必要な要素であるので，これらを A と分析し，これらの文の文型を SVA とする。

1.2.6.2. SVCA

(26) a. The children are aware of taking drugs.
b. My son is interested in linguistics.
c. Matt's parents are sure of their son's success.

前置詞句 of taking drugs, in linguistics, of their son's success は文の構成のために必要な要素である。したがって，これらを A と分析して可能なので，この文型は SVCA となる。

1.2.6.3. SVOA

(27) a. Please inform us of any change of address.
b. This picture reminds me of the happy old days.
c. Alex struck me as sincere.
d. My boss reminded me that we would have the meeting.

(27a) では伝える対象である us と伝える内容である of any change of address が揃って文が完成する。同様に，(27b) でも目的語 me に the happy old days を思い出させるという構造になっている。さらに，(27c) では me は動詞 struck の目的語であり，as sincere が A となり，文全体は「Alex は誠実であると私に感じさせた」という意味を示す。すなわち，as sincere は文の構成に必要な要素である。(27d) では，目的語の me が伝えられる対象，that we would have a meeting が伝えられる内容であり，どちらも文の構成に必要な要素である。このように分析すると，目的語に後続する前置詞句あるいは that 節は A として分析することができる。

以上のように，本節では SV，SVC，SVO，SVIODO，SVOC の 5 文型に加えて A（Adjunct，付加詞）を文型要素と見なし，SVA，SVCA，SVOA の 3 文型を加える安藤（1983）に基づいて英語の文を分析した。

1.3.　主要部が補部を認可するという概念

本節では，英語の文型・構造を生成文法の枠組みではどう捉え直すことができるかを論じる。まず，動詞 want について考察する。

(28) a. I want something cold.
b. I want to be a diplomat after I graduate from college.
c. I want my son to be a diplomat.

(28a) における something cold（何か冷たいもの）は O，(28b) における to be a diplomat も O とみなされる。さらに，(28c) では，my son が O，to be a diplomat が C として分析できる。次に，動詞 get について考察する。

(29) a. Did you get me?
b. Alex was getting impatient and angry.
c. We got to know each other in this way.
d. I got him to wash my car.

(29a) は「私の言ったこと分かりましたか」を意味し，me は O，(29b) の impatient and angry は C，(29c) の to know each other も C,（29d）の him は O，to wash my car は C と分析できる。ここで，1つの疑問が生じる。(28b）における to 不定詞は O であるのに対し，(29c）では C なのはなぜだろうか。Huddleston, Pullum and Reynolds（2022）（以下 HPR（2022））は目的語と補語をそれぞれ Object，Predicate Complement（PredComp）として分類している。[2]

(30) a. Stacy found a good speaker.
b. Stacy met a friend of mine.

(31) a. Stacy was a good speaker.
b. Stacy became a friend of mine.

(HPR（2022: 99）)

HPR（2022）は O はある状況に対する参与者（participant）を示すのに対し，C は主語の属性（property）を示すとしている。すなわち，(30a, b）では O は主語と別人であるが，(31a, b）では a good speaker, a friend of mine は主語 Stacy 自身である。この説明は主格補語が主語の状態を説明するという主旨の学校英文法の説明と通じるところである。

次に，HPR（2022）は，SVO＋PP 構文について以下のような分析をする。

		S	**V**	**O^d**	**Comp:PP**
(32)	a.	Sue	gave	the photo	to Max.
	b.	We	bought	shoes	for them.

(HPR（2022: 97）)

---

[2] Object と PredComP を分類する必然性に関しては HPR（2022）が詳細な議論をしている。

つまり，to Max，for them を補部（complement）とみなすのである。この考察こそが，生成文法で採られている考え方である。つまり，動詞が意味を完成させるために必要とする要素あるいは項（argument）すべてを補部とみなすのである。この考え方は品詞を問わないので，動詞が意味を完成させるために必要な名詞，形容詞，副詞，前置詞句などすべてが補部とみなされることになる。この考え方を採ることにより，動詞 want に続く場合は to 不定詞は O であり，動詞 get に続く to 不定詞は C である，と分類する必然性がなくなり，統一的に構文を捉えることができる。

ここで，生成文法における主要部・補部・付加部・指定部という概念を導入する。

(33) a. a student of physics with long hair
b. *a student with long hair of physics

(Radford (1981: 98))

(33a, b) ともに a student に of physics と with long hair という2つの前置詞句（Prepositional Phrase，以下 PP）が後続しているにもかかわらず，(33b) は容認されない。このことは，PP の中でもまとまりの中心，つまり主要部との結びつきが強い要素と弱い要素があることを示す。

(34) a. He depended on the doctor during the operation.
b. *He depended during the operation on the doctor.

同様に，(34b) が容認されない事実は，on the doctor と during the operation という PP が文中で異なる機能を果たしていることを明示する。すなわち，(33a) における of physics と (34a) における on the doctor はそれぞれ名詞 student と動詞 depend

によって必要とされる，つまりこれらの要素に認可（license）される要素である。まとまりの中心をなす student，depend を主要部（head），その主要部によって認可される要素を補部（complement）と呼ぶ。それに対し，with long hair，during the operation などは主要部が示す状況を付加的に説明する要素である。これらを付加部（adjunct）と呼ぶ。

1.4. 本章のまとめ

以上，この章では英語の 5 文型の分析から始まり，5 文型ではすべてを説明できないことを示した。それを説明するために生成文法の枠組みでの主要部が補部を認可するという概念を紹介した。

第2章　X′ 理論

2.1.　X′ 理論とは何か

X′ 理論とは Chomsky (1970) を発端とし，Jackendoff (1977) が発展させた，文の構造に関する一般法則を規定する理論である。前章の最後で挙げた主要部による補部の認可，補部と付加部との区別，指定部の役割について順を追って述べていく。

2.2.　主要部による補部の認可

(1) a.　read a book
　　b. *read for a book

(2) a.　look for a solution
　　b. *look a solution

(1a) (2a) は正しい英語表現であるのに対し，(1b) (2b) は正しくない。この事実が意味することは，[1] 動詞 read はその補部として Noun Phrase (名詞句，以下 NP) を取る，そして [2] 動詞 look はその補部として前置詞 *for* を中心とする PP を取るということである。次に名詞のまとまりについて考察する。

(3) a. a professor of linguistics from Boston
b. *a professor from Boston of linguistics

(4) a. an investigation into the key issue with my colleagues
b. *an investigation with my colleagues into the key issue

(3a) (4a) が正しい英語表現であることは，名詞 professor が前置詞 of を中心とする PP を補部として取ることと，名詞 investigation が前置詞 into を中心とする PP を補部として取ることを明示する。次に，Adjectival Phrase (形容詞句，以下 AP) について見てみる。

(5) a. be fond of baseball for a weird reason
b. *be fond for a weird reason of baseball

(6) a. be aware of the favorable situation from yesterday
b. *be aware from yesterday of the favorable situation

(5a) (6a) が容認される英語表現であることは，形容詞 fond が前置詞 of を中心とするまとまりを補部として取ることと，形容詞 aware が前置詞 of を中心とするまとまりを補部として取ることを示す。このように，まとまりの中心となる要素である主要部が補部と結びついて 1 つのまとまりをなす。

次に，付加部について観察する。

(7) a. a teacher of French with good personality
b. a professor of mathematics with two wonderful sons

(7a) における PP with good personality, (7b) における PP

with two wonderful sons は主要部＋補部の teacher of French と professor of mathematics に関する追加情報を与えている。すなわち，これらの要素が欠けていても，teacher of French, professor of mathematics というまとまりは意味をなす。この点において，付加部は主要部に対する必須の要素ではない。このことが，主要部と補部の結びつきと比較して，主要部と付加部とは結びつきが弱い，と言うことができる理由である。

ここで，指定部について分析する。(3a)(4a) の NP における不定冠詞の役割について考えてみよう。この不定冠詞があることで，主要部＋補部あるいはそれに付加部を加えたまとまりの数，あるいは定・不定が指定される。これは，動詞のまとまりについて考えるとより明白である。

(8) a. earnestly look for the books for writing a paper
 b. eagerly read books on English in the library

(8a, b) における副詞 earnestly と eagerly は動詞 look, read が示す動作の行われ方を規定している。本の探し方が「真面目」であり，本の読み方が「熱心」である。副詞まで到達して，動詞を中心とするまとまりが完成すると考えられる。さらに，PP について考察してみる。

(9) a. just behind the curtain
 b. right across from the chapel

(9a) における just と (9b) における right は前置詞 behind と across で示される状況を制限あるいは規定している。カーテンの「すぐ後ろ」，チャペルの「ちょうど向かい側」という意味を示す。このように，状態を規定したり制限したりする要素が生じる位置を指定部 (Specifier, Spec) と呼ぶ。ここまで述べてきたことをまとめて，以下に樹形図（tree diagram）で図示する。

(10)

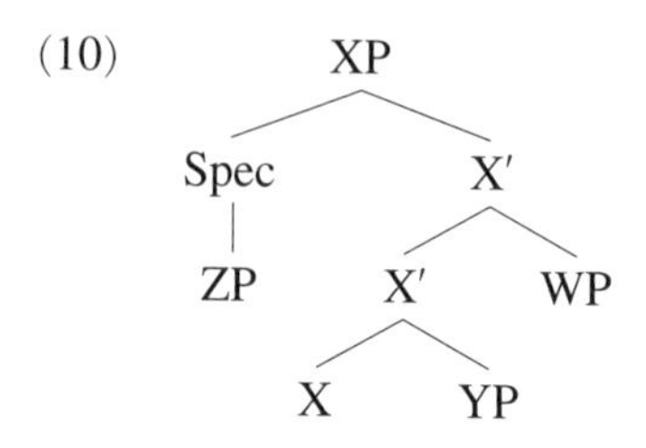

X＝Head（主要部）：X＝V, N, Adj, P, Adv

X′＝中間投射　XP＝Maximal Projection（最大投射）

YP＝Complement（補部）　ZP＝Specifier（指定部）

WP＝Adjunct（付加部）

つまり，すべての句は，まず主要部 X と補部 YP が結びついて X′ を形成する。それに必要に応じて付加部 WP がつき，指定部 ZP を経て XP まで投射する。X はすべての範疇を包括したものである。つまり，主要部が V であれば，V′ を経て VP まで投射する。同様に N ⇒ N′ ⇒ NP，A ⇒ A′ ⇒ AP，P ⇒ P′ ⇒ PP と主要部が上位の段階へと「投射」する。では，以下の 4 つを樹形図で示してみよう。

(11) a. professor of linguistics from Boston
b. earnestly look for the books for writing a paper
c. interested in linguistics for a weird reason
d. just behind the curtain

(12) a. b.

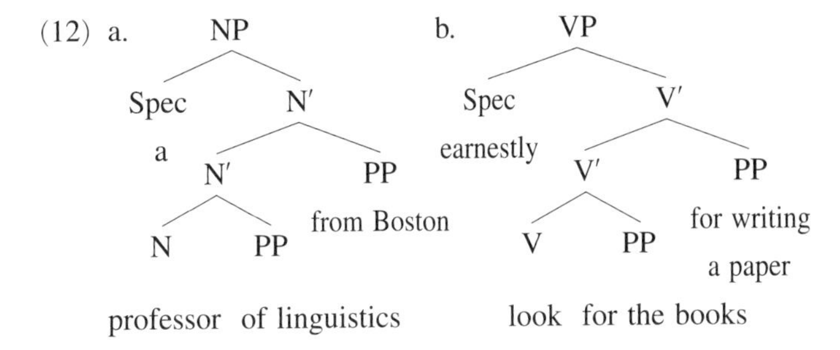

(12a) では主要部 N の professor が補部 PP of linguistics と結びついて N′，つまり N より 1 つ上の単位を形成する。そのまとまりに付加部 PP である from Boston が結びつき別の N′ が構成され，指定部要素である不定冠詞 a を指定部に伴い NP まで投射する。(12b) では，まず主要部 V である look が補部 PP for the books と結びつき，V′ へと投射する。そこに付加部 PP for writing a paper が結びつき，新たな V′ へと投射する。さらに，動作を規定する指定部要素である副詞 earnestly と結びつき，全体が VP となる。

(12) c. d.

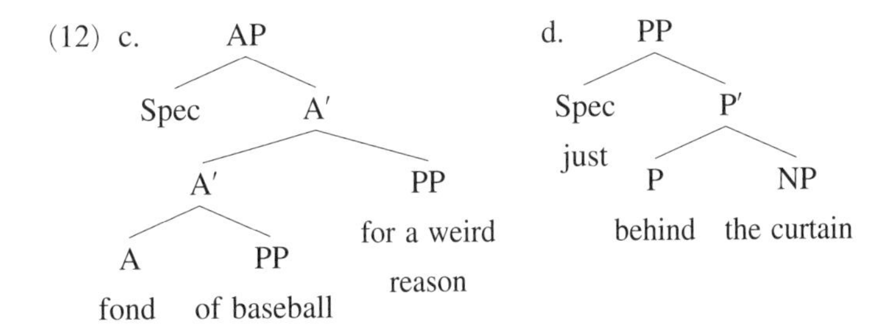

(12c) では主要部 A である fond が補部 PP of baseball と結びついて A′ を形成する。それに付加部 PP for a weird reason が付加され新たな A′ が形成される。指定部に要素が入っていない場合はそのまま AP まで投射する。(12d) では，主要部 P であ

る behind が補部 NP the curtain と結びついて P′ を形成する。それにどれほど後ろなのかを規定する指定部要素 just がつき全体 PP へと投射する。

ここで，中間投射 X′ の必要性について考えてみたい。主要部 X から XP へと投射するまでの中間段階にあたる X′ はなぜ必要なのだろうか。その存在の必要性について例を挙げて説明する。Radford（1988: 174）は以下の等位構造を示している。

（13） Who would have dared defy the [king of England] and [ruler of the Empire]?

king of England と ruler of Empire は等位接続され，定冠詞 the がそれが誰なのかを指定する。つまり，主要部 N である king と ruler が補部 of England/of the Empire を伴ってまず N′ へと投射する。そして，最終的に指定部要素 the を伴って NP the king of England and ruler of the Empire へと投射する。このことは，主要部でも最大投射でもない，途中段階である中間投射の必要性を示している。同様の例を Radford（1988: 175）から引用する。

（14） a. The present [king of England] is more popular than the last *one*.

b. *The [king] of England defeated the *one* of Spain.

（14a）における one は king of England を代用しており，この文は容認される。一方，（14b）が示すことは one が主要部 N である king だけを代用できないことである。この事実も，N′ という範疇の必要性を示している。次に，動詞の代用形 do so について述べる。

(15) a. John will [buy the book on Tuesday], and Paul will *do so* as well.
b. John will [buy the book] on Tuesday, and Paul will *do so* on Thursday.

(16) a. John will [put the book on the table], and Paul will do so as well.
b. *John will [put the book] on the table, and Paul will do so on the chair.

(15a, b) では付加部 PP の on Tuesday が入るか入らないかに関係なく動詞代用形 do so が使える。一方，(16b) が非文であることから，put the book on the table 全体を do so が代用すると考えられる。それに加えて，動詞の前に副詞 definitely を付け加えることができる。この副詞が動作全体の可能性を指定する指定部の役割を果たすことから，副詞を含めた全体が VP であり，do so が代用するのは VP へと投射するまでの中間段階，V′ であることが示される。

ここまでは VP，NP，AP，PP の構造を考察してきた。次に，文の構造について考えてみたい。生成文法理論の最初期には，以下のような句構造が想定されていた。

(17) a. S → NP–VP
b. S → NP–AUX–VP

つまり，S (Sentence) は主語 NP と動詞句 VP に分解されるという考えかたである。さらに，時制要素，法助動詞は Auxiliary (AUX) として分析され，(17b) のような句構造が想定されていた。しかし，時制要素が文をまとめると考えられる統語的証拠がある。以下を見ていただきたい。

(18) a. Dustin plays baseball.
b. Dustin played baseball.
c. Dustin will play baseball.
d. David plays baseball.

(18a–d) すべてに共通する要素は play baseball であり，その動作がいつ行われるのか／行われたのかを時制が規定し，さらに主語が加わり文が完成する，という構造を持つと考えることができる。これは以下のように図示できる。

(19)			
a.	Dustin	-s	play baseball
b.	Dustin	-ed	play baseball
c.	Dustin	will	play baseball
d.	David	-s	play baseball

つまり，動詞 play が目的語 NP として baseball を取り，VP が完成する。時制要素が VP を補部として取り，その指定部に主語が入って文が完成する。その派生を以下 (20a–c) に示す。I は Inflection，つまり屈折／時制を示す。[1]

(20)
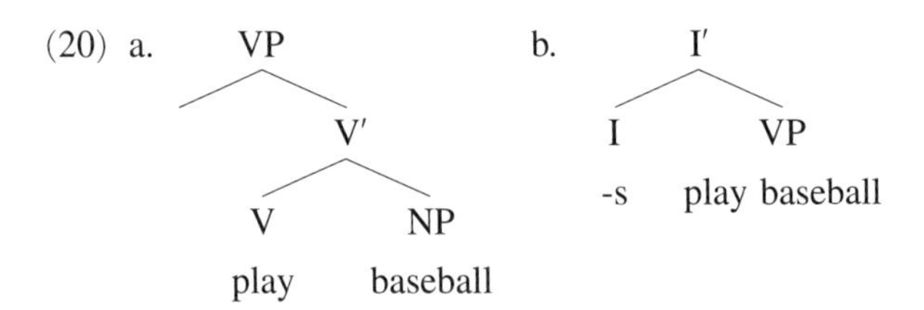

[1] 現在の生成文法理論では Tense Phrase（TP）と呼ぶことが多いが，ここでは IP と記す。

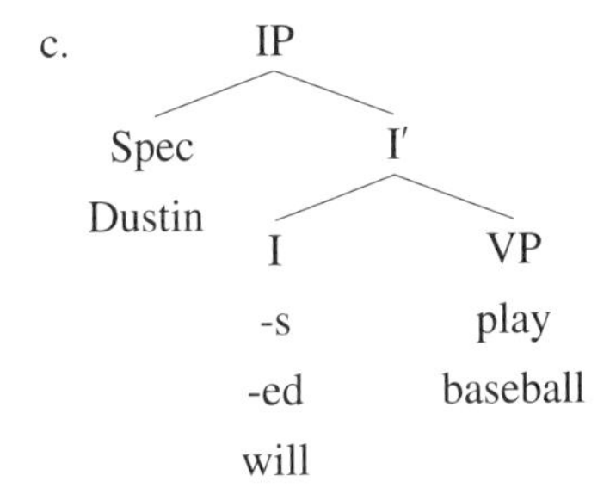

時制要素は現在形を示す -s, 過去時制を示す -ed, あるいは未来を示す will で示される。以上, 文が時制を中心とするまとまりであることについて分析した。

本章の最後に, 目的語となる節, すなわち補文節 (complement clause) について考察する。以下の例を見られたい。

(21) a. I think [$_{??}$that [$_{IP}$ Dustin is a great baseball player]].
b. I wonder [$_{??}$if [$_{IP}$ Kevin is a great baseball player]].
c. I wonder [$_{??}$who Kevin met at the ballpark]].

(21a, b) における that, if は補文が後続することを示す役割を果たしている。これらの要素を補文標識 (complementizer) と呼ぶ。すなわち, ?? で示される節は IP を補部として取る。つまりこれは補文標識を主要部とする句, CP (Complementizer Phrase) である。(21a, c) の構造を以下 (22a, b) に図示する。

(22)
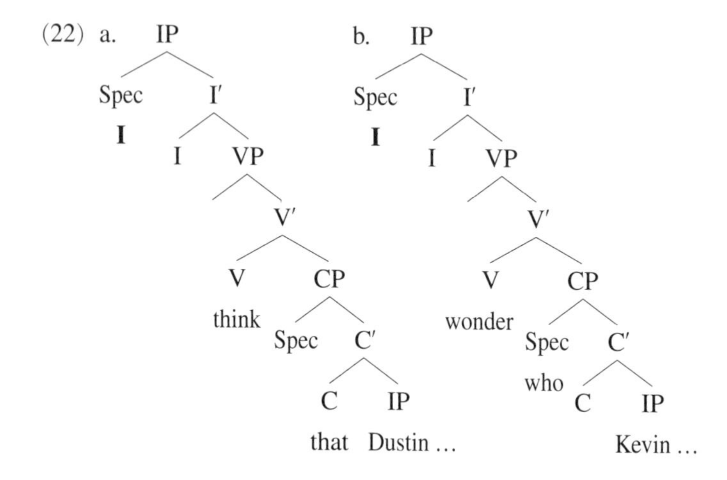

ここで注目すべきなのは wh-句 who が CP 指定部に生起していることである。この分析の理由は，主節の Yes-No 疑問文と wh-疑問文の派生を考えると分かりやすい。

(23) a. Did David meet Kevin at the ballpark?
 b. Who did David meet at the ballpark?

次ページの (24a) では，C は Question という素性を持っていると考える。この素性が疑問文の際には助動詞要素を引き寄せるので，助動詞 did が C へと移動する。*t* は要素が元々存在していた位置の痕跡（trace）を示す。(24b) では，疑問詞 who が指定部へと移動し，概略デヴィッドが球場で会った人は誰なのかを問う役割を果たす。

(24)

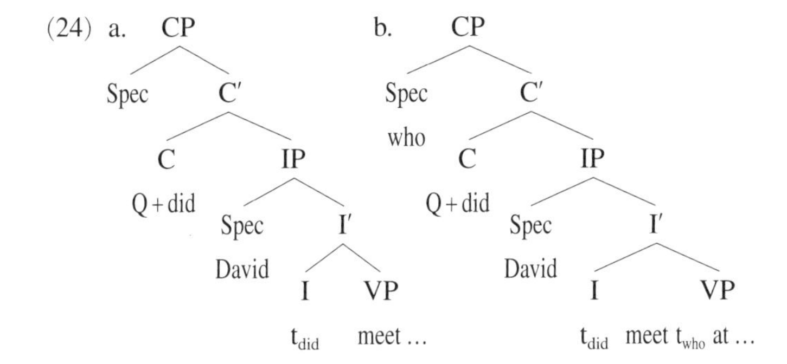

2.3. 日本語の構造

この節では日本語の構造について触れる。SOV 形式を取る日本語は英語と真逆の構造を持つ。鏡像関係と言われることもある。以下の文を樹形図で示してみよう。

(25) a. ダスティンは野球をしないだろう

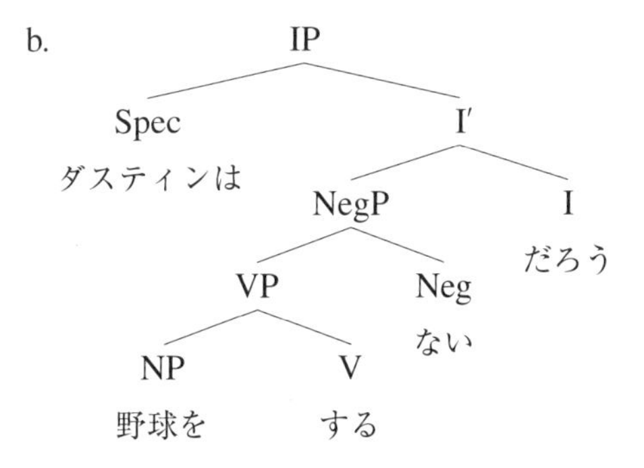

(25a) は否定文なので NegP が生じているが，肯定文では IP-VP の形式になる。「だろう」は助動詞として I に入る。[2]

2.4. 本章のまとめ

以上，本章では文構造の統語的分析に関する X′ 理論について概説し，主要部が補部を認可するという概念に基づき VP，NP，AP，PP さらには IP，CP の構造について考察した。

[2] ここでは議論を簡略化し，助詞「は」，「が」を含めて NP としている。

第 3 章　文の統語的階層分析から分かること

この章では，英語を中心としながらも日本語との比較対照も交え，文を階層的に分析することで何が理解できるのかについて考察していく。まず，動詞に階層があることについて英語と日本語の比較を通して触れ，意味の曖昧性，否定対極表現について取りあげる。

3.1.　階層構造

まず以下の英語表現から議論を始める。

(1) a.　He may not have wanted to come.
　　b. *He come not have may wanted to.

(1a) は容認されるのに対し，(1b) は容認されない。このことは，英語の法助動詞 (Modal auxiliary verb) と否定 (Negation) と助動詞 (Auxiliary verb)，さらには一般動詞が以下のような階層をなすことを示唆している。つまり，(1b) の階層は容認されない。ここでは中間投射 X′ 要素は省略して図示する。

(2)

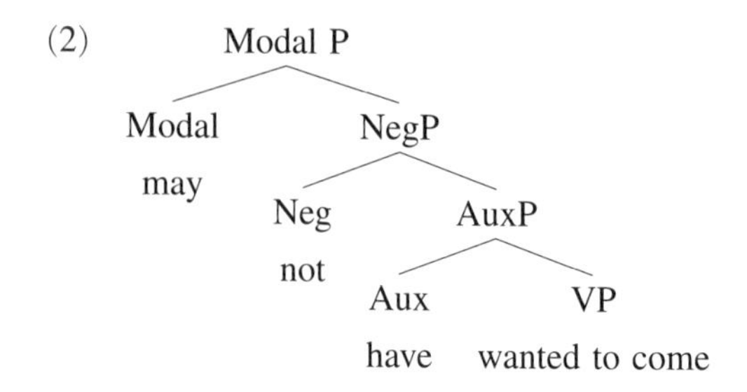

つまり，この構造のみが容認されるのである。日本語にも同様の制約がある。(3b）の構造は日本語の表現としては容認されず，(3a）のみが容認される。以下に日本語（3a）の構造の概略を示す。

(3) a.　彼は　来　たく　なかった　かもしれない
　　b. *彼は来　なかった　かもしれない　たく

(4)

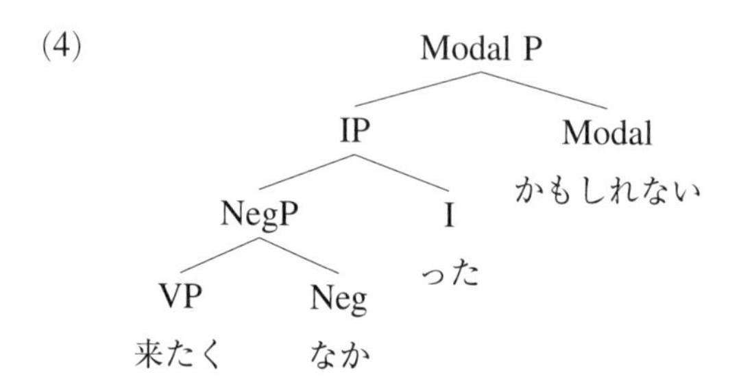

「た／った」は一般に時制要素であると考えられている。日本語では否定要素「な（い)」が動詞の直後に生じているが，要素の語順が決まっている点は英語と同様である。つまり，要素間の生じる位置に関して，階層構造を使った分析で明瞭に説明できる。

次節から，構造分析により明白に説明できる文法的事実と，その階層構造を示す。

3.2.　意味の曖昧性についての統語的分析

まず，以下の例文を見られたい。(5a) (6a) には (5b, c) (6b, c) に示す意味の曖昧性がある。

(5) a.　Katie read a letter to his son.
　　b.　ケイティは息子に手紙を読んだ／読んで聞かせた。
　　c.　ケイティは息子に宛てた手紙を（勝手に）読んだ。
(6) a.　Matt talked about his friend in the library.
　　b.　マットは図書館で友人のことを話した。
　　c.　マットは図書館にいる友人のことを話した。

(5b, c) の意味の違いは，図示することにより明示できる。

(7) a.　　　　　　　　　　　b.

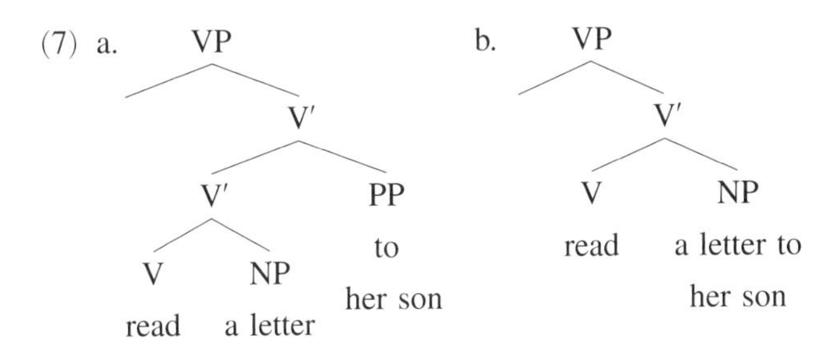

(7a) では NP の a letter と PP の to her son は共に動詞 read の補部である。一方，(7b) では NP の a letter to her son が read の補部として認可される。

(8) a.

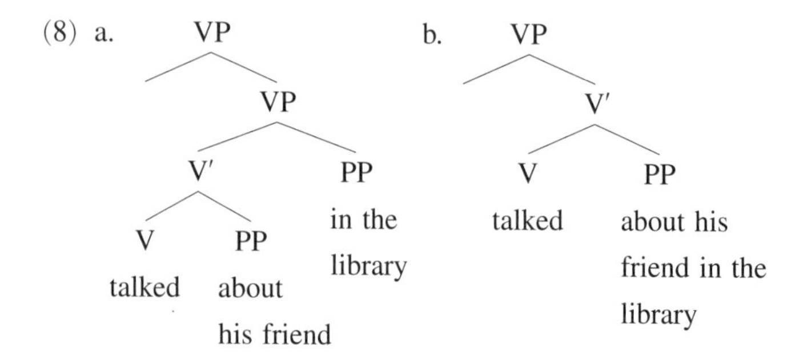

(8a) は (6b) の読みを図示している。PP の in the library は V′ に付加され，動作が行われた場所を示す。一方，(6c) の読みを図示する (8b) では，about 以下が全体で PP をなし，動詞 talk に認可される。次に理由を示す because 節と否定の意味関係について見てみよう。Lasnik (1972) 以来指摘されている現象である。

(9) a. Sean didn't marry Katie because he loved her.
  b. ショーンはケイティを愛していたから結婚しなかった。
  c. ショーンがケイティと結婚したのは愛していたからではなかった。他に理由があった。

(9a) には (9b, c) で示す 2 つの解釈がある。(9b) の読みでは動詞 marry が否定される。一方，(9c) の解釈では否定は because 節まで作用を及ぼす。このような意味解釈の違いも統語構造で明示できる。以下の構造は中村・金子 (2002) の分析に基づいている。

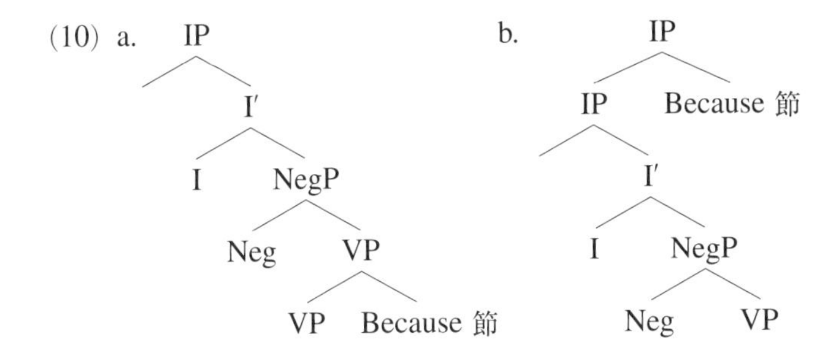

(9c) の意味を示す構造 (10a) では because 節は NegP の内部にあり，否定の作用を受ける。一方，(9b) の解釈を示す構造 (10b) では because 節は NegP の外にあり，否定の作用を受けない。

以下の節で否定対極表現 (Negative Polarity Item) の認可について考察する。[1]

3.3.　否定対極表現の認可

否定対極表現 (Negative Polarity Item, 以下 NPI) とは否定，あるいはそれに類する環境，例えば疑問文，条件文などにしか生じない要素を意味する。[2] NPI は構造において否定辞より下位に生じなければならない。英語の NPI の例を以下に示す。NPI 要素は下線で示す。

(11) a. *<u>Anyone</u> of the students was **not** satisfied with the

---

[1] 否定対極表現に関しては意味，統語構造，要素の認可など太田 (1980) に詳述されている。さらに，最新の研究成果に関しては加藤・吉村・今仁 (2010)，澤田・岸本・今仁 (2019) を参照されたい。

[2] 以下の文のように動詞そのものが否定を示す場合は NPI の生起が容認される。

(i) The horse refused to budge.

lecture.

b. The students were **not** satisfied with any of the lectures.

c. Sean **didn't** lift a finger to help me.

d. She leaned on the door, but it **wouldn't** budge.

(11a) は NPI の anyone が主語位置，つまり否定辞の not よりも構造的に上位にあることから容認されない。一方，(11b–d) では NPI の any，lift a finger，budge が否定要素よりも構造上下位にあるので，これらの文は容認される。同様の事実は日本語においても観察される。ここでも NPI 要素は下線で示す。

(12) a. *僕は会いたかった人には 3 人しか会った。
a′. 僕は会いたかった人に 3 人しか会えなかった。
b.*?学生の誰も授業に満足した。
b′. 学生の誰も授業に満足しなかった。
c. *俺の娘には指一本触れさせるぞ！
c′. 俺の娘には指一本触れさせないぞ！
d. *今後俺の娘に今後一切会え！
d′. 今後俺の娘に今後一切会うな！
e. *そこから一歩も動けよ！
e′. そこから一歩も動くなよ！
f. *中村先生の授業は少しも面白い。
f′. 中村先生の授業は少しも面白くない。
g. *このことは決して誰にも言え。
g′. このことは決して誰に（で）も言うなよ。

(12a–h) が非文あるいは容認性が低いのに対して，(12a′–h′) が容認されるのは，各文に否定要素が含まれていて，かつ NPI 要素が否定要素よりも構造的に下位にあるためである。英語，日本語それぞれの用例から（11b）（12a′）を取りあげ，以下に簡略化した構造を示す。

（13）a.

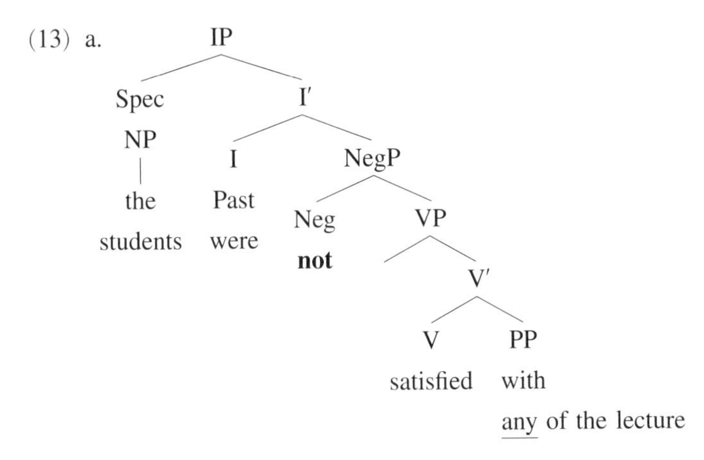

b.

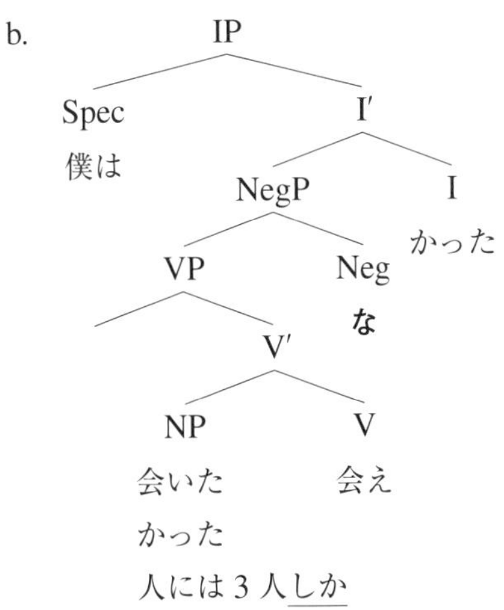

これらの樹形図が明示するように，線形順序では示せない階層構

造で否定要素とNPIとの構造位置が把握できる。特に日本語では，線形順序では左にある要素が階層では下位になることがある。この意味でも，統語構造を用いることには意義がある。

次にNPIの生起に局所性（locality）が関与していることを示す。

(14) a. [$_{IP}$ 僕はこのことは決して誰にも言えない] と思っていた。
  a′. *[$_{IP}$ 僕はこのことは決して誰にも言える] とは思ってなかった。
  b. [$_{IP}$ 俺の娘には指1本触れさせないぞ！] と男は怒鳴った。
  b′. *[$_{IP}$ 俺の娘には指1本触れさせるぞ] と男は言わなかった。
  c. [$_{IP}$ 中村先生の授業は少しも面白くない] と学生たちは言った。
  c′. ?[$_{IP}$ 中村先生の授業は少しも面白い] と学生たちは言わなかった。

(14a′–c′) の容認性が低いという事実は，否定要素のNPIへの認可が最小単位の範疇，この場合補文IP内で行われることを示している。つまり，NPIを認可する否定要素は，階層においてNPIより上位に生じないといけないのに加え，同一文中に生じる必要がある。これがNPIに課せられる局所性の条件である。

次にSVIODO構造とSVO+PP構文におけるNPIの認可について考察する。以下の例文を見られたい。

(15) a. *I gave any student nothing.
  b. I gave no student anything.

any → no の語順である（15a）は容認されないのに対して，no → any の語順である（15b）は容認される。このことも，NPI any を含む要素が構造上下位に生じる必要があることを示す。第2章 p. 20（10）のような従来の構造分析では捉えられない例である。この構造に関しては，Larson（1988）が提案した VP-Shell，つまり VP が2層になる以下の構造を想定することで的確に説明できる。この点に関する詳細な議論は Larson（1988）を参照されたい。

(16)
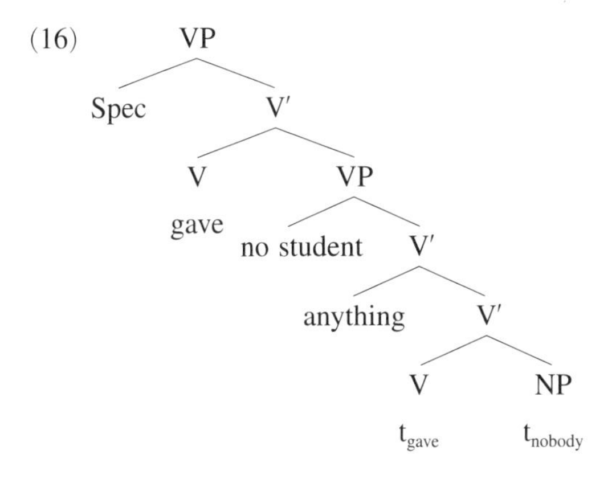

さらに Kuno and Takami（1992）からの同様の用例を挙げる。（18a, b）が（17a, b）の Larson（1988）を援用して Kuno and Takami（1992）が想定する VP 構造である。

(17) a. *I talked to anyone about nothing.
　b. I talked to no one about anything.

(Kuno and Takami (1992: 146))

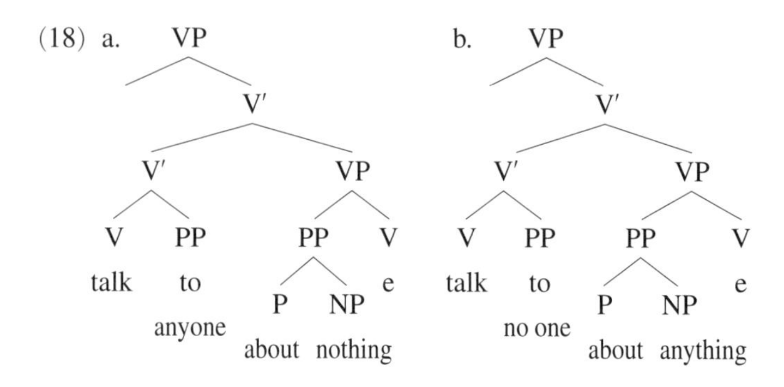

(17a) では anyone は nothing よりも構造上，上にあるため容認されない。一方，(17b) では anything が no one よりも構造上，下位にあるため容認される。

3.3.　本章のまとめ

以上本節では文の曖昧性と NPI の認可が構造的に示されることを示してきた。次章では，3.1 節でも否定と数量詞の意味解釈の違いに関して紹介した数量詞の作用域について詳細に論じる。

第4章　数量詞の作用域と数量詞繰り上げ

4.1.　量化表現の作用域

量化表現とは some, many, every などの数量詞（quantifier）と not のような否定辞など文の意味解釈に関係する要素である。数量詞が名詞を修飾して NP をなすとき，他の量化表現と作用域の相関関係を持つ。すなわち，2つの量化表現が1文中に現れる際，どちらがより広い作用を及ぼすか，つまりどちらがより広い作用域（scope）を持つかが問題となる。これは統語構造と意味解釈との相互関係であり，May（1977, 1985）以来様々な分析が提案されてきた。本章では，英語と日本語から様々な用例を出し量化表現の意味解釈について分析し，その意味解釈を表示する部門である論理形式（Logical Form，以下 LF）部門を想定することを提案する。

まず，表層的な構造や語順だけでは捉えることができない解釈があることを指摘するために，以下の例文を見てみよう。

(1) a.　Every student admires some professor.

b.　すべての学生が，ある（特定の，ひとりの）教授を尊敬している，つまり，すべての学生に尊敬する（特定の，ひとりの）教授がいる。

c. すべての学生がある特定の，ひとりの教授を尊敬している，つまり，すべての学生が尊敬する特定の，ひとりの教授がいる。

(1a) は (1b, c) の解釈を持つと言われる。この際この文には曖昧性があると呼ぶ。(1b) の解釈では主語である every student が広い作用域を持つ。(1c) の解釈では目的語 some professor が広い作用域を持つ。(1b) の解釈は主語が目的語よりも構造上上位にある統語構造で表示できるが，(1c) の解釈は目的語が広い作用域を取るため，表層の構造ではその解釈を示せない。次に，以下の (2a) にも曖昧性がある。以下，作用域の関係を「every > a」のように示す。これは数量詞 every が数量詞 a よりも広い作用域を取ることを示す。

(2) a. Every man loves a woman. (Aoun and Li (1993: 7))

b. すべての男性がそれぞれ（別々の）1 人の女性を愛している。 **every > a**

c. すべての男性がある（特定の，ひとりの）女性を愛している。 **a > every**

一方，SOV 構造を取る日本語では，(3a) のような文では主語が広い作用域のみを持つ。そして，目的語がかき混ぜられた，つまり主語の前に移動した OSV 構造 (4a) では曖昧性が生じると Hoji (1985)，Miyagawa (2003) 以来言われている。

(3) a. 誰かが誰もを愛している。

b. ある（特定の，ひとりの）人がすべての人を愛している。 **some > every**

(4) a. 誰もを誰かが愛している。
　b. ある（特定の，ひとりの）人がすべての人を愛している。
some > every
　c. どの人にも愛してくれる人がひとりいる。
every > some

それに対して，Shibatani（1990），Nakamura（2008）では，目的語をかき混ぜた場合にはその目的語が広い作用域を持つ読みしかないと主張する。つまり，(4a）には（4c）の解釈しかない。(5a）の作用域も検討してみよう。

(5) a. みんなが誰かを愛している。
　b. すべての人に愛する誰かがいる。　**all > some**
　c. みんなに愛される誰かがいる。　**some > all**
(6) a. 誰かをみんなが愛している。
　b. みんなに愛される誰かがいる。　**some > all**[1]

本論では Shibatani（1990），Nakamura（2008）の主張を支持し，SOV 構文には数量詞の意味解釈の曖昧性があると考える。つまり，表層の構造では示せない意味解釈がある。これをどのように表示するかを May（1977, 1985）の考え方を元に分析する。

次に数量詞 every，all と否定辞との相対的作用域を考察する。

(7) a. All that glitters is not gold.
　b. 光るものすべてが金ではない。　**all > not**

---

[1] Aoun and Li（1993）以来，中国語では SVO 構造では主語が広い作用域を取る読みしかないと言われている。

(i) Meige nanren dou xihuan yige nuren
every man all like one woman
'Every man loves a woman.'　**every > a**

c.　光るものすべてが金だとは限らない。　**not > all**

(8) a.　Everybody cannot be a hero.

b.　誰もヒーローになれない。　**every > not**

c.　誰もがヒーローになれるわけではない。　**not > every**

(7a)(8a) はそれぞれ表層の構造関係では示せない読み (7c)(8c) を持つ。このことは，表層構造の後に作用域を示す部門の存在の必要性を示す。

4.2.　数量詞繰り上げ

May (1985) 以来この部門は論理形式 (Logical Form: LF) 部門と呼ばれる。この LF を含めた統語構造を以下のように図示する。

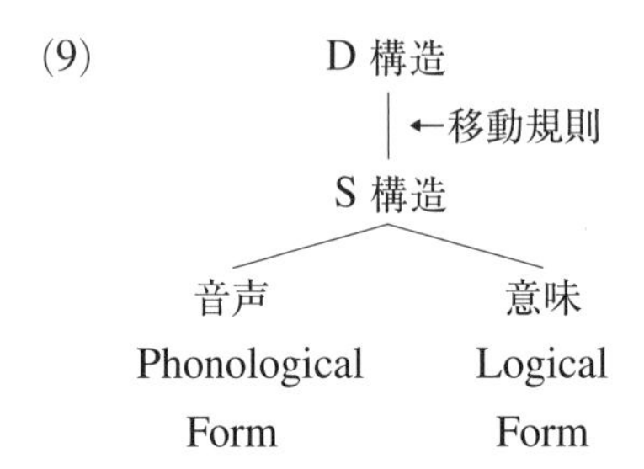

D 構造とは Deep Structure であり，移動規則が適用される前の構造を示す。その構造に移動規則が適用され，S 構造 (Surface Structure) へと派生が進む。次に，数量詞の意味解釈を的確に表示するために，LF 部門で数量詞繰り上げ (Quantifier Raising: QR) で数量詞を IP へと付加する。(10a) の LF 構造を (11) に図示する。

(10) a. Every student admires some professor. (＝(1a))
　　b. Everybody cannot be a hero. (＝(8a))

(11)
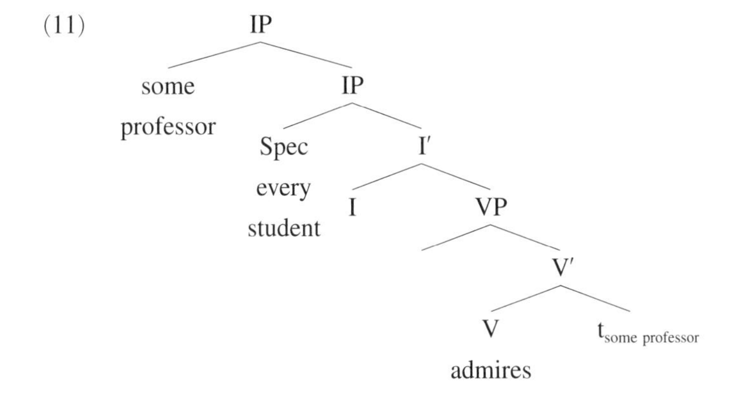

それでは，(10b) における否定辞 not が主語 everyone よりも広い作用域を取ることをどのように示せば良いであろうか。not は主要部要素であるが，数量詞と同様に QR の適応を受け，IP へ付加すると考えることができる。その構造を以下に示す。

(12)
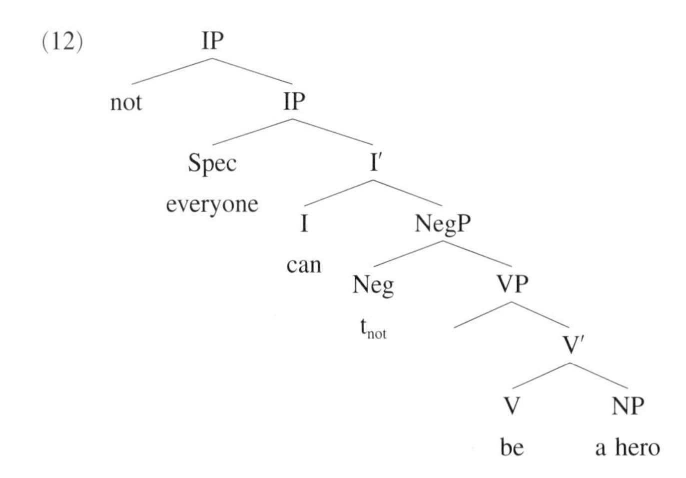

(10b) が "It is not the case that everybody can be a hero." とパラフレーズできることもこの解釈と LF 構造が的確であることを示している。

次に，QR が適応される条件について述べる。中村・金子 (2002) から用例を挙げる。

(13) a. **Someone** expects [every Republican will win election].
b. **A different student** wanted [for you to read every book].
c. I told **someone** [you would visit everyone].
d. **Someone** hated [PRO to kiss everyone].
e. **Someone** believes [John to be attending every class].
(中村・金子 (2002: 234–235))

(13a–e) における [ ] 内にあるすべての every 句は，主節の数量詞との作用域の曖昧性を持たない。このことは QR には局所性条件が適応され，節境界を越えて LF で適用されることはないということを示す。なお，to 不定詞，動詞 believe が取る補文の構造などについては次章で扱う。

4.3. 日本語のかき混ぜ規則と S 構造における QR

この節では，日本語のかき混ぜ操作が S 構造における QR であると主張する Nakamura (2008) の分析を紹介する。

(14) a. 1 人の子どもがどの木にも登った。 **1 人＞どの木**
b. どの木にも 1 人の子どもが登った。 **どの木＞1 人**
(15) a. 誰かが図書館のほとんどの本を読んでいる。

誰か＞ほとんど

b.　図書館のほとんどの本を誰かが読んでいる。

ほとんど＞誰か

(16) a.　花子があの店で 3 種類のケーキを食べたがっている。

たがっている＞ 3 種類

b.　3 種類のケーキを花子があの店で食べたがっている。

3 種類＞たがっている

(17) a.　太郎が学会で 3 人の研究者と話すつもりだ。

つもりだ＞ 3 人

b.　3 人の研究者と太郎が学会で話すつもりだ。

3 人＞つもりだ

(18) a.　新聞記者が 3 人の学生にインタビューしなければならない　**ねばならない＞ 3 人**

b.　3 人の学生に新聞記者がインタビューしなければならない　**3 人＞ねばならない**

(19) a.　太郎があの店で 3 種類の料理を注文するだろう

だろう＞ 3 種類

b.　3 種類の料理を太郎があの店で注文するだろう

3 種類＞だろう

(20) a.　太郎が多くの問題を解決できなかった。　**否定＞多く**

b.　多くの問題を太郎が解決できなかった。　**多く＞否定**

(14b) (15b) ではかき混ぜられた NP と元位置にある数量詞句, (16)-(19) の (b) ではかき混ぜられた NP と助動詞, あるいは助動詞相当句, (20b) ではかき混ぜられた NP と否定辞との作用域の相関関係があり, かき混ぜられた NP が広い作用域を取る解釈が優勢あるいはその解釈しか存在しない。これはかき混ぜ操作が作用域を明示する顕在的な移動操作である可能性を示唆している。かき混ぜ操作と主題・焦点操作との関連については第7章で詳細に分析する。

4.4. 本章のまとめ

本節では，some，many，every などの数量詞同士あるいは否定辞などの演算子との相対的作用域の表示と Logical Form における数量詞繰り上げ（QR），さらに表層における QR について概観した。

第5章　非定形節補文
—to 不定詞，使役構文，動名詞，small clause

この章では，英語の時制を欠く節，すなわち非定形節（non-finite clause）と呼ばれる to 不定詞と動名詞が補文になる構造に加えて使役構文について考察する。さらに，小節（small clause）と呼ばれる補文構文についても分析する。

5.1.　to 不定詞補文

まず最初に，文中で to 不定詞が様々な位置に生じうることを HPR (2022) からの用例を示して述べたい。

(1) a. [To turn back now] would be a mistake.：主語位置
  b. It would be a mistake [to turn back now].：外置主語
  c. We considered it sensible [to take legal advice].：外置目的語
  d. I hope [to convince them of my innocence].：他動詞の目的語
  e. I go to the gym [to keep fit].：目的を示す付加部

f. We found a big box [to keep them in]. : 名詞修飾句

(HPR (2022: 321))

本章では，その中でも補部に生じる to 不定詞を扱う。以下，本節の例文と説明は中村・金子 (2002) によるものである。以下の例を見られたい。形式的にはすべて to 不定詞であるが，その構造は異なる。以下，(2a–c) に対する概略構造 (3a–c) を示す。

(2) a. John tried to leave.
 b. John promised to leave.
 c. John persuaded Bill to leave.

(3) a. $John_i$ tried [PRO_i to leave]
 b. $John_i$ promised [PRO_i to leave]
 c. $John_i$ persuaded $Bill_j$ [PRO_j to leave]

(3a–c) における PRO とは Pronoun を意味し，音声化されない意味上の主語を示す。そして，PRO はその指示内容が決定されなければならない。先行詞によりその指示内容を決定される場合，PRO は先行詞にコントロール (control，制御) されていると言い，先行詞のことをコントローラーと呼ぶ。この PRO とコントローラーの関係を下付の指標 (index) で示すことが多い。(3a, b) では PRO のコントローラーは John であり，(3c) ではコントローラーは Bill である。これ以外にも中村・金子 (2002) は (4) の事例を提示している。SVO 形式を取り，主語が PRO のコントローラーになる動詞 (4a)，SVOC 形式を取り，目的語が PRO のコントローラーになる動詞 (4b)，SVO あるいは SVOC 形式を取り目的語が PRO のコントローラーになる動詞 (4c)，SVC の場合は主語が，SVOC の場合は目的語が PRO のコントローラーになる動詞 (4d)，for-to 不定詞を補文とするが，

[for＋主語] の代わりに PRO が生じた主語がコントローラーとなる動詞（4e），[(前置詞つき）目的語＋不定詞節] を補部とし，目的語が PRO のコントローラーとなる動詞（4f）の例である。

(4) a. attempt, condescend, forget, manage, offer, remember, try
b. ask, encourage, force, order, persuade, teach, tell
c. promise
e.g. $John_i$ promised $Mary_j$ [PRO_i to leave]
d. get, keep
e.g. $John_i$ got him_j [PRO_j to leave]
$John_i$ got [PRO_i to leave]
e. hate, hope, like, prefer, tend, want
e.g. I_i wanted [PRO_i/John to leave].
I wanted very much [for John to leave]
f. appeal (to NP), plead (with NP), shout (for NP)
e.g. I_i shouted to $John_j$ [PRO_j to leave]
I shouted to John [for Bill to leave]

次に，これらの to 不定詞補文の詳細な構造を以下に示す。

(5) a. $John_i$ tried [PRO_i to leave]　(＝(3a))
b. $John_i$ promised [PRO_i to leave]　(＝(3b))
c. $John_i$ persuaded $Bill_j$ [PRO_j to leave]　(＝(3c))

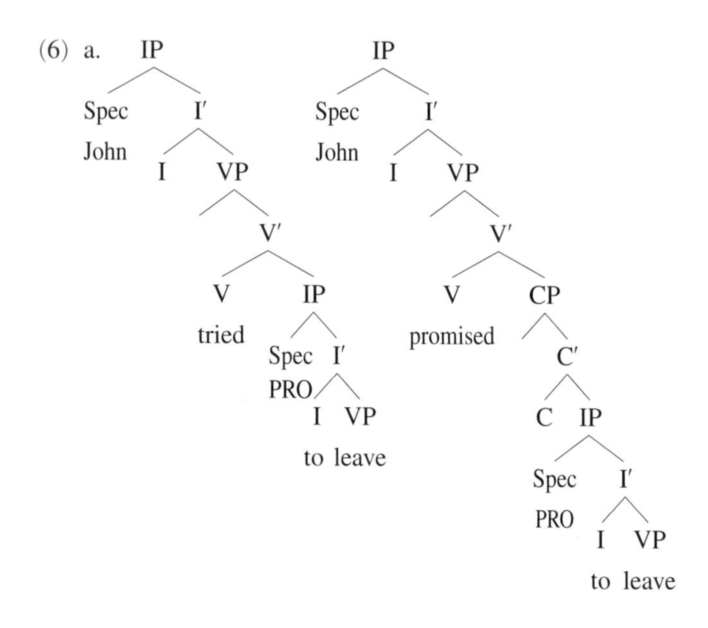
(6) a.
IP
Spec
John
I′
I
VP
V′
V
tried
IP
Spec
PRO
I′
I
VP
to leave
IP
Spec
John
I′
I
VP
V′
V
promised
CP
C′
C
IP
Spec
PRO
I′
I
VP
to leave

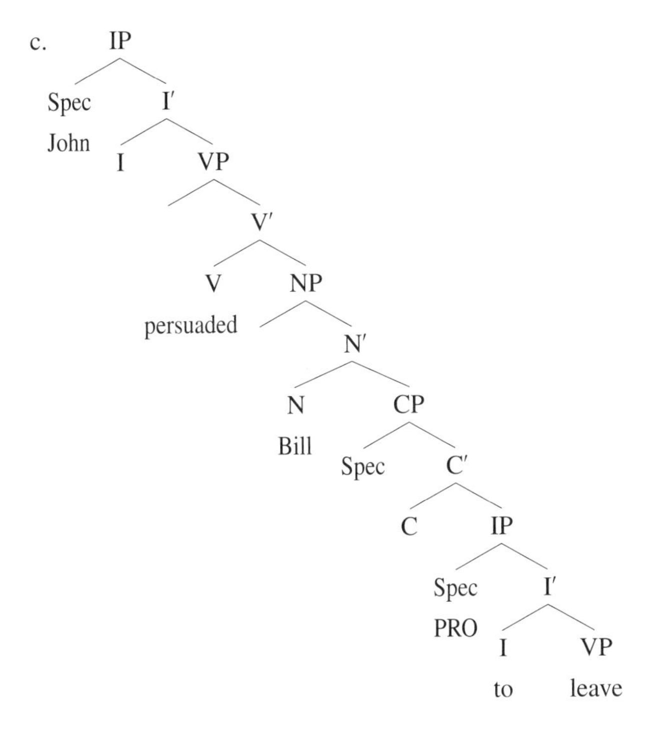

(6a–c) はそれぞれ (5a–c) の構造を示す。to は I 主要部に生起する。Inflection は時制あるいは屈折を示すが，to がこの位置に生起するのは，時制を特定せず,「不定」であるからである。(6a) では動詞 try が補部として IP をとり，その指定部に PRO が生起している。(6b) では動詞 promise は CP 補部を取る。その理由は，promise が that 節，すなわち定形節 CP を補部として取ることができるので，取る補文を統一するためである。(6c) では動詞 persuade は NP 補部と CP 補部を取る。次に動詞 want の補文構造を示す。

(7) a. I wanted very much [for John to leave] (= (4e))

b.

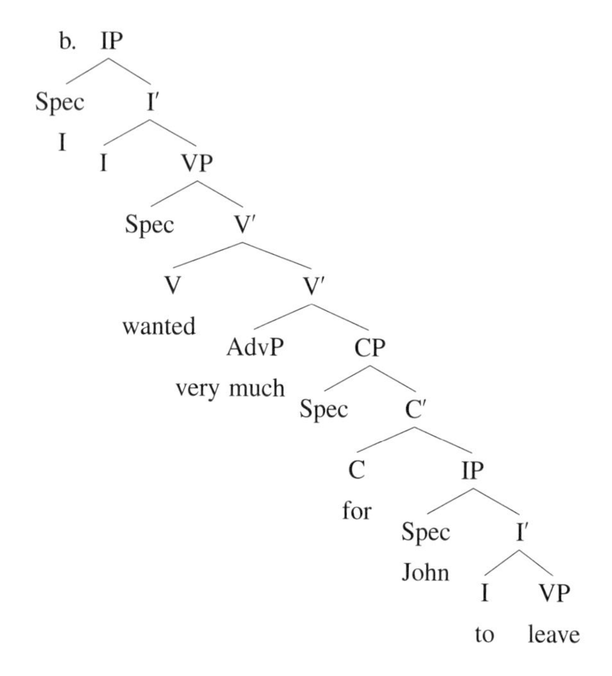

動詞 want の補文では to 不定詞が示す動作の主語を前置詞 for で導くことができるので，want は for が主要部 C に生起する CP 補文を取るとみなすことができる。for-CP を欠く場合は，IP 指定部に PRO が生起し，主語がコントロールする。

このように，動詞が取る補部の構造を PRO のコントロールと関係づけながら示すことにより各構文の特徴が明らかになる。

5.2. ECM 構文

本節では，例外的格付与（Exceptional Case Marking: ECM）

構文と呼ばれる構文の構造を分析する。前節では動詞 persuade, promise, want が CP 補部を取った。それに対して，believe, expect, find は IP 補部を取る。以下，中村・金子（2002）から用例を引用する。

(8) a. John believed him to be sad.
b. I expected her to be a liar.
c. I found Julius Caesar to be boring.

（中村・金子（2002: 126））

これらの文では，不定詞節の意味上の主語が主節の直接目的語ではないにもかかわらず対格（accusative）で示される点で「例外」とされ，ECM 構文と呼ばれる。さらに，中村・金子（2002: 126）でも示されているとおり，(8a, b）と that 節補文を取る (9a, b）とでは解釈が異なる。

(9) a. John believed that he was sad.
b. I expected that she was a liar.
c. I found that Julius Caesar was boring.

(8a–c）では直接的な経験に基づいた判断を下す際にしか使えないのに対し，(9a–c）は間接的な判断を下す際に使う。これは (8a–c）の補文が CP を介さずに直接 IP であることにより，主節動詞からの作用を文，つまり IP が直接受けるためである。以下に（8a）の構造を示す。

(10)

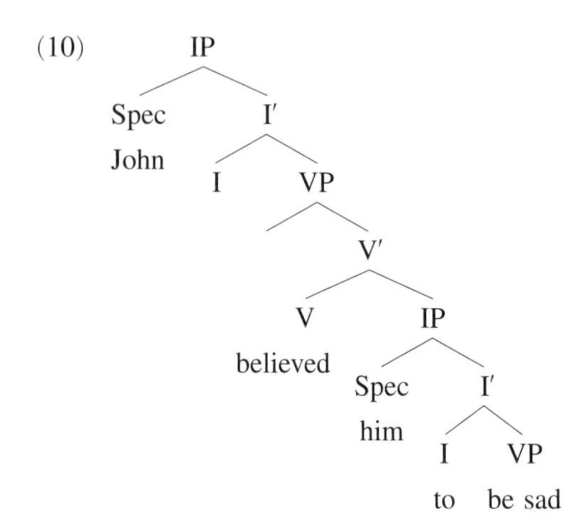

このように，ECM 構文では補文は IP 構造である。次節では使役構文について見ていく。

5.3. 繰り上げ構文とコントロール構文

前節では動詞 want などが取る to 不定詞が CP 補部であると分析してきた。この節では繰り上げ構文（raising construction）について概説する。以下に HPR（2022）から例文を引用する。

(11) a. Al wanted to impress Bob.
 b. Bob wanted to be impressed by Al.

(12) a. Al appeared to impress Bob.
 b. Bob appeared to be impressed by Al.

(HPR（2022: 325））

(11a）の to 不定詞の目的語を主語にして受動文（11b）を派生することができるが，2 つの文は意味が異なる。一方，（12a, b）は同じ意味を持つ。このことは，両者の構造の違いから出てくる。まず，(12) についてであるが，動詞 appear，happen，seem などと形容詞 certain，likely，sure などが以下に示す構造を持つ。

(13)
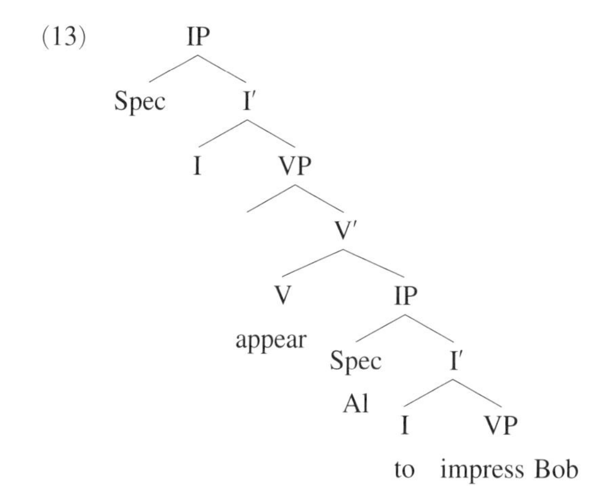

すなわち，動詞 appear は IP 補部，つまり命題全体を補部として取る。(12a) の「アルがボブに何らかの印象を与えた」ことと，(12b) の「ボブがアルに何らかの印象を与えられた」ことは命題として等価である。その命題に appear がかかり，「そうであるように思われた」となる。一方，動詞 want では，何が主語になるかによって誰の望みなのかが異なる。したがって，(11a, b) は意味的に等価ではない。[1] 最後に，D 構造 (13) からの派生を検討してみよう。動詞 appear ではその補部の主語である Al が主節の主語位置に移動した場合には (12a) の構造となる。すなわち，補文の主語が主節の主語位置へと移動する，あるいは繰り

[1] 文中における主語の意味役割 (Thematic role, semantic role) に関しては，主語，主題を扱う第7章で分析する。

上がることから，繰り上げ構文と呼ばれる。Al が補文の主語位置にとどまる場合は，主節の主語位置に It が生成され “It appeared that Al impressed Bob.” という文が完成する。[2]

以上のように，本節では補文として生じる to 不定詞構文の様々な構造について分析してきた。

5.4. 使役構文

この節では中村・金子 (2002) により提示されている make/have 使役構文についての分析を概観する。中村・金子 (2002) は make/have 使役構文に以下の異なる構造を想定する。

(14) a. $[_{IP}$ John $[_{VP}$ made $[_{IP}$ Mary $[_{VP}$ leave]]]]

b. $[_{IP}$ John $[_{VP}$ had $[_{VP}$ Mary $[_{V'}$ leave]]]]

すなわち，make が IP 補部を取るのに対し，have は VP 補部を取るのである。以下，異なった補文構造を想定する理由を述べる。

(15) a. John {makes/??has} Bill be shelving books whenever the book walks in.

b. John {made/??had} Bill be arrested.

(16) $[_{IP}$ Subject $[_{I'}$ I $[_{bePROG}$ $[_{bePASS}$ $[_{VP}$ V ...]]]]]

(中村・金子 (2002: 128))

(16) に示すとおり，進行相 (progressive) あるいは受動相 (pas-

[2] この補文主語が移動する，あるいは虚辞 (expletive) *it* が主節主語位置に生成されるのは，「すべての句が主語を持たなければならない」という拡大投射原理 (Extended Projection Principle, EPP) の要請による。

sive）は VP 外部に生じるので，make の IP 補部には生じるが，have の VP 補部には生じない。さらに，以下に示すとおり，否定要素は IP の下，VP の上に生じる。

(17)　[$_{IP}$ Subject [$_{NegP}$ not [$_{VP}$ ...]]]

したがって，(18a) では IP 否定，(18b) は VP 否定となる。

(18) a. Bill made [$_{IP}$ Raplh [$_{NegP}$ not [$_{VP}$ marry Sheila]]]
b. Bill had [$_{VP}$ Ralph NOT [$_{V'}$ marry Sheila]]

つまり，(18a) は「ラルフがシーラと結婚しないことを，ビルが成した」ことから「ビルはラルフにシーラと結婚することはさせなかった」を意味し，否定は IP 全体にかかる。一方，(18b) では NOT は強勢を受け，「ビルがラルフにさせたのはシーラと結婚することではなかった」という意味を示す。以上本節では，動詞 make, have が取る使役構文における補文構造が異なることを示した。

5.5.　動名詞補文

この節では動名詞の補部について考察する。中村・金子・菊地 (1989) は (19a) に対して (19b) の D 構造を想定する。

(19) a. I hate him singing the song.
b. I hate [$_{IP}$ him [$_{I'}$ -ing [$_{VP}$ sing the song]]

(19b) から動詞 sing が I 位置に主要部移動し (19a) となる。これに対し，中村・金子 (2002) は動名詞を以下の 3 種類に分類し，それぞれに別の構造を想定する。

(20) a. I remember [his telling of the story]：名詞的動名詞
b. I remember [his telling the story]：所有格動名詞
c. I remember [him telling the story]：対格動名詞

(20a) の動名詞の主語は所有格であり，目的語は前置詞 of を伴い PP として生じる。(20b) でも，主語が所有格であるが，前置詞 of がないので V-ing 形は直接目的語を取る。(20c) では，V-ing 形は直接目的語を取るが，主語が対格である。目的語を前置詞で導くことから，(20a) の形態が最も名詞らしく，対格代名詞が生じるので (20c) が最も名詞らしさが弱い。それ以外の 3 種類の異なった統語的振る舞いは中村・金子 (2002) を参照されたい。(21a, b) に (20a, b) の構造を示す。

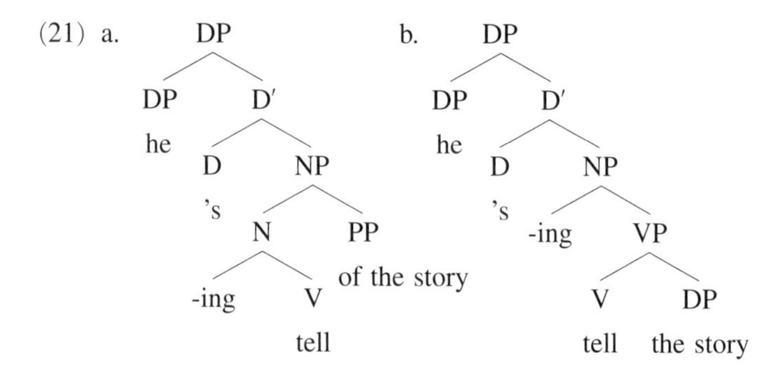

(21a) では ’s つまり所有格を示す主要部は Determiner Phrase（決定詞句）の主要部に生じる。そして，-ing + tell で示す名詞が PP を補部として取る。一方，(21b) では動詞 tell が DP を直接補部として取る。それに対して対格動名詞を持つ (20c) の構造は以下のように示される。

(21) c.

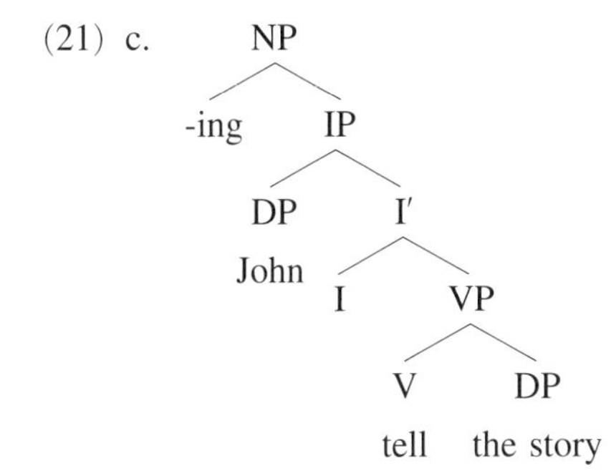

(21c) は NP で完結しており, DP 構造を持たない。このことが, 対格動名詞の名詞性の弱さを示す, と中村・金子 (2002) は述べる。これは名詞句の ECM 版で NP を超えて動詞から動名詞の主語へ対格を与えているとも分析できる。この節の最後に, HPR (2022) が指摘する所有格動名詞と対格動名詞の違いについて述べたい。

(22) a. We hadn't counted on [his being so insensitive]
　　b. We hadn't counted on [him being so insensitive]
(HPR (2022: 334))

HPR (2022) は (22a, b) 共に使われると述べながら, 属格を使う (22a) のほうがより形式的であるとしている。[3] このような統語構造上の相違だけでなく使用場面の違いにも気を配るべきであろう。

---

[3] コーパスによる調査によると, アメリカ英語では him being のほうが, イギリス英語では his being のほうが多く使用される。

5.6. 小節

本節の最後に，SVOC を取る形式で O と C が叙述関係を示す構文であり，小節（small clause）として分析されることある構文について触れたい。以下に例文を示す。5.2 節で ECM 構文として分析したものである。(23a) は (23b) の構造を持つと考えられる。

(23) a. I believe Mary intelligent.

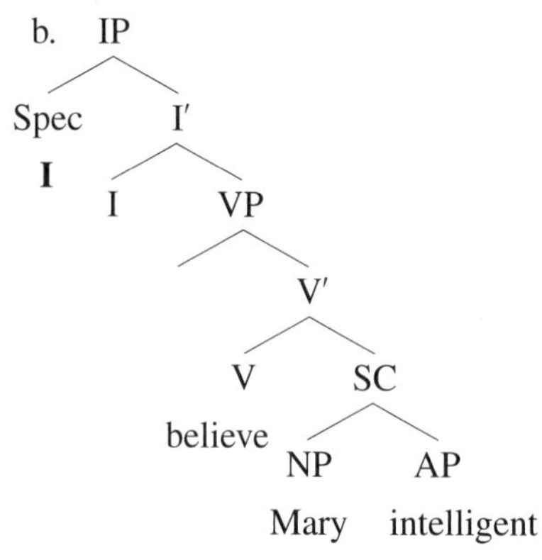

（中村・金子 (2002: 152)）

Mary と intelligent が構成素を成していると考え，(23a) を (23b) として分析する根拠として，中村・金子 (2002) は Safir (1983) の小節が主語位置に生じる例を挙げている。つまり，小節は単一の構成素である。

(24) [Workers angry about the pay] is just the sort of situation that the ad campaign was designed to avoid.

さらに，Aarts (1992) の小節が等位接続できる例も引用している。

(25)　I consider [this man an idiot] and [that man a genius].

しかし，中村・金子 (2002) は最終的には SC が IP 構造であると結論づける。その説を指示する証拠を以下に挙げる。

(26) a.　I thought [it *perhaps* a pity] at the time, but …
　　b.　I must admit that I have found [these summer international school *probably* the most rewarding part of my work].

(26a, b) で [　] で示す要素が SC である。その中に文修飾の副詞である perhaps, probably が入り込んでかつ文が容認されるという事実は，小節が文，つまり IP 文であることを示唆する。さらなる証拠は中村・金子 (2002) を参照されたい。

5.7.　本章のまとめ

以上，本章では動詞の補文をなす to 不定詞，動名詞，小節の構造を分析してきた。本章で示した統語的分析が，より深い英語構文への理解につながるはずである。

第6章　定形節補文と名詞修飾節 ―関係節・同格節

この章では動詞が取る様々な定形節補文と名詞を修飾する関係詞節について分析する。6.1 節は補文を扱い，6.2 節で関係節を扱う。

6.1.　補文

6.1.1.　that 節などを補文として取る動詞

この節では様々な動詞が取る様々な補文構造を分析する。まず that 節を補文として取る動詞について考察する。以下，(1a) に示される動詞は that の省略が可能なもの，(1b) に示される動詞は that を通常省略しないものである。

(1) a.　add, admit, advertise, affirm, agree, claim, confess, confirm, declare, emphasize, forget, insist, maintain, pretend, prove, remark, reply, reveal, signal, state …
e.g. I heard that an old friend was staying in town,

so I went to see her.

b. accept, acknowledge, care, enter, overlook, prefer, provide, respond, urge

（荒木（編）(1997: 503))

e.g. We have to accept that this is not an ideal world.

これらの文における that 節は以下のような第2章 p. 26 で述べた that を主要部とする CP 構造を取る。

(2)

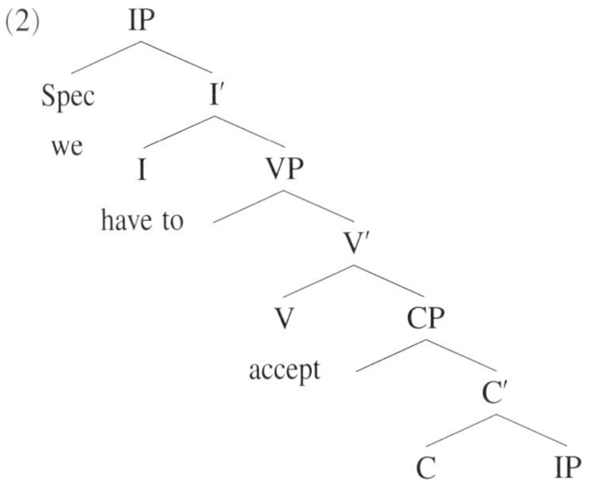

次に補文標識としての whether あるいは if が主要部となる CP を補部として取る動詞の例とその構造を（3a, b, c）に挙げる。

(3) a. doubt, wonder ...

b. I doubt if/whether he is innocent

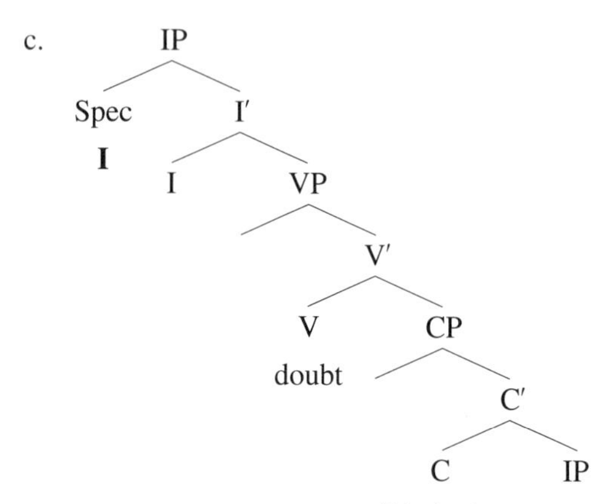

6.1.2. that 節を補部として取る形容詞

ここでは，that 補文を取る形容詞の例を挙げる。

(4) a. afraid, amazed, angry, anxious, aware, careful, confident, eager, ignorant

b. She was confident that everything would go well.

c. We're anxious that you should live a happy life with your husband.

6.1.3. wh-節を補文として取る動詞

この節では wh-節を補部として取る動詞の例を以下に挙げ，その構造を示す。

(5) a. admit, ask. believe, consider, decide, doubt, explain, find, forget, guess, hear, imagine, know, learn, notice, predict, question, remember,

say, see, show, tell, think, understand, wonder ...

（荒木（編）(1997: 504)）

b. I wonder why she doesn't like the telephone.

c.

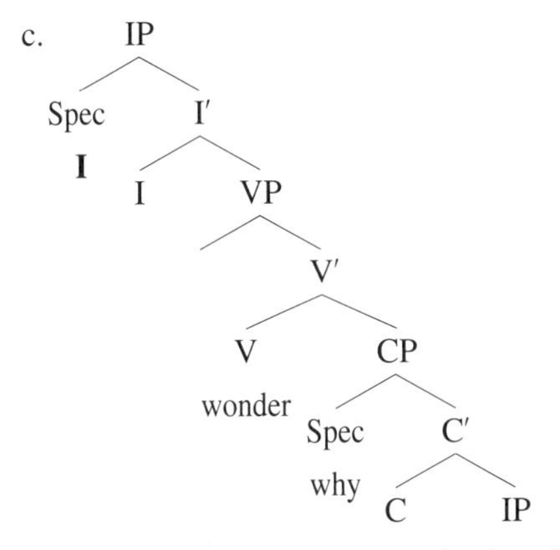

she doesn't like the telephone.

ここで，wh-句 why が CP 指定部に入っており，C 主要部に要素がない，つまりその位置が空であることに注意しなければならない。第 1 章で述べた通り，主語以外が wh-句である疑問文では疑問詞が CP 指定部に入り，助動詞要素が C 主要部に移動する。もし助動詞要素がない場合には do/does/did が I 主要部に入り，それが C 主要部へと移動するのであった。それに対し，補文では wh-句は主節と同様に CP 指定部に移動するのに対し，助動詞が C 主要部に移動することはない。この事実を中村・金子 (2002) は素性照合という概念を使って説明する。まず，Yes-No 疑問文に関してもう一度見てみよう。疑問文 "Did John eat it?" の派生を中村・金子 (2002) に従って以下に示す。

(6) a. $[_{CP}$ $[_{C'}$ C[+Q] $[_{IP}$ John $[_{I'}$ $[_{I}$ Past] $[_{VP}$ eat it]]]]]

b. [$_{CP}$ [$_{C'}$ [$_{I}$ Past]-C [+Q] [$_{IP}$ John [$_{I'}$ t_{I} [$_{VP}$ eat it]]]]]
c. [$_{CP}$ [$_{C'}$ [did]-C[+Q] [$_{IP}$ John [$_{I'}$ t_{I} [$_{VP}$ eat it]]]]]

(6a) で，CP 主要部 C は [+Q] という疑問素性を持っており，この素性により疑問文であることが示される。(6b) において時制辞 [$_{I}$ Past] が C へと主要部移動する。ただ，この時制辞は接辞なのでこれを支持する語彙要素が必要である。そのため，形式助動詞の did が挿入される。この移動により +Q 素性が照合される。次に主節の wh-疑問文 “What did John eat?” について見てみよう。

(7) a. [$_{CP}$ [$_{C'}$ C[+Q] [$_{IP}$ John [$_{I'}$ I [Past] [$_{VP}$ eat what]]]]]
b. [$_{CP}$ [$_{I}$ Past]-C[+Q] [$_{IP}$ John [$_{I'}$ I [Past] [$_{VP}$ eat what]]]]]
c. [$_{CP}$ [$_{I}$ did]-C[+Q] [$_{IP}$ John [$_{I'}$ I [Past] [$_{VP}$ eat what]]]]]

ここまでは (6a–c) の派生と同じである。形式助動詞 did が C へと移動することで [+Q] 素性が照合される。wh-句はその語彙特性として [+wh] という素性を持ち，それが照合されなければならない。その照合の過程を以下に示す。

(8) a. [$_{CP}$ [$_{I}$ did]-C[+Q] [[$_{IP}$ John [$_{I'\ I}$ [Past] [$_{VP}$ eat what[+wh]]]]]
[+wh]
b. [$_{CP}$ what[+wh] [$_{C'}$ [$_{I}$ did]-C[+Q] [$_{IP}$ John [$_{I'}$ t_{I} [VP eat t_{what}]
↑agreement→[+wh]

すなわち，what が CP 指定部に移動することにより C 主要部が持つ [+wh] 素性と照合され，派生は収束する。では，次に間接疑問文について見てみる。

(9) a. I wonder what John ate.
b. *I wonder what did John eat.

c. $[_{IP} [_{I'}$ I $[_{VP}$ wonder $[_{CP}$ what $[_{C'}$ C $[_{IP}$ John ate]]]]]]

[+wh] ⇔ [+wh]

⇔ [+Q]

ここで，動詞 wonder は語彙特性として疑問文を補部に取るという情報を持っている。従って，補文 CP の主要部 C は動詞 wonder からの疑問文の主要部としての [+Q] 素性を照合されている。すでに [+Q] 素性を照合されている位置に I 要素が移動して素性を照合する必要がないので助動詞要素の移動が起こらないのである。

6.1.4.　wh-節を補文として取る形容詞

(10) a. careful, certain, doubtful, ignorant, sure, uncertain
b. Peter warned Liz to be careful what she did.
c. Margaret is not certain what has become of her daughter now.

これらの形容詞の補文構造は 6.1.3 節で述べた動詞の補文構造と同一である。

6.1.5.　補文内部の動詞の時制が仮定法原形となる動詞／形容詞

以下に挙げる動詞，形容詞は補部として that 節を取るが，補文節内の動詞は原形である。仮定法現在と呼ばれることもあるが，実際は原形である。

(11) a. ask, demand, insist, propose, recommend, suggest
b. I insisted that he have dinner with us.
c. The doctor recommended that I rest for a few days.

d. John demanded that Hannah apologize to him.

(Swan (2016: 64))

さらに，以下のような形容詞も同様の補部を取る。

(12) a. essential, imperative, important, vital
b. It is essential that everyone be here on time.
c. It's imperative that the government do something about health care.
d. It is essential that everyone should be here on time.

(Swan (2016: 64))

本節で述べた動詞／形容詞の補文の動詞構造はイギリス英語の場合は (12d) のように法助動詞 should が入るものになる。

6.2. 関係節

本節では関係代名詞，関係副詞が含まれる構造について統語的に分析する。さらに，that が関係代名詞として使われる場合の構造についても考察する。

6.2.1. 関係代名詞：*Wh*-movement? Op-movement?

本節では関係代名詞の統語構造について分析する。関係節に関しては Kayne (1994)，Haegeman (1994) をはじめ様々な先行研究が統語分析を行っている。[1] まず以下の文を見られたい。

(13) a. a man who you can talk to

---

[1] Radford (2004) が極小主義プログラムに基づいて関係節を分析しているが，その基本姿勢は変わっていない。

b. a man that you can talk to

c. *a man who that you can talk to

d. a man to whom you can talk

中村・金子・菊地 (1989) は (13a) に対して (14) の構造を想定している。すなわち，関係節を，NP を修飾する構造とみなしている。これは後述する名詞を修飾する同格の that 節が名詞の補部をなすことを考えると正しい構造である。中村・金子 (2002) は関係節を名詞に埋め込まれた構造とみなしているが，(14) のような名詞を修飾する NP 付加部とみなすべきである。

(14)
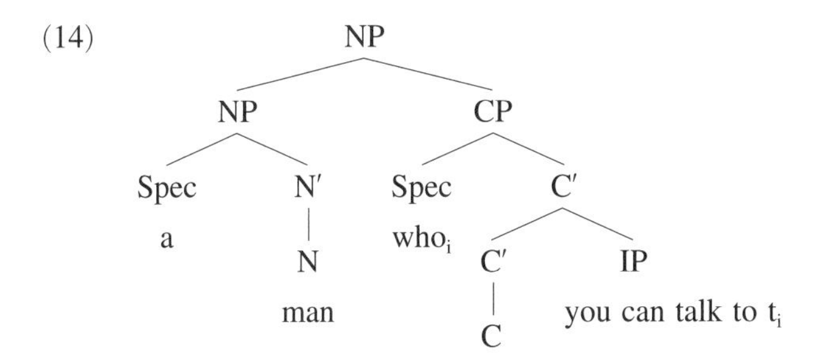

ここで大切なことは，関係代名詞 who が CP 指定部へと移動していることである。[2] ここで who が CP 指定部へと移動していると考えられるのは，(13c) のように関係詞と補文標識が共起することはできないからである。かつて，CP という範疇が考案される前は，wh 句あるいは that のような補文標識が以下に示す COMP (COMPLEMENTIZER) 位置に生じると考えられていた。S′ は文 S の 1 つ上の範疇である。

[2] 中村・金子 (2002) では，関係代名詞の先行詞となる a man 自体が移動するという分析も紹介されている。

(15) をとると，wh- 句と補文標識の that が COMP に生じることになる。これは二重詰め COMP フィルターと呼ばれていた。現在では関係節の C が [+wh] という素性を持つので，平叙文を示す that が持つと考えられる [+Declarative] という素性と一致しないと考えれば的確に (13c) を排除できる。

次に，(13b) のように that が関係代名詞の役割を果たす場合の構造を示す。

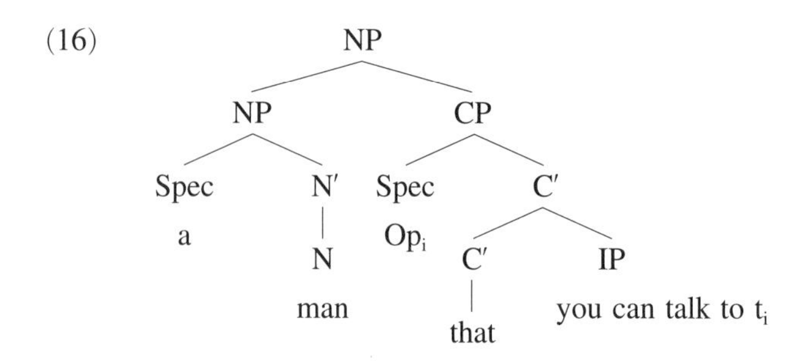

この構造が示すことは，実際に移動しているのは関係詞とされている that ではなく，空演算子 (empty-operator, Op) ということである。これは音声内容は伴わないが，wh-句の役割を果たす演算子である。これはゼロ演算子 (null operator) と呼ばれることもある。[3]

次に (13d) のように to whom という PP が移動する構造を示す。

[3] 詳しくは原口・中村・金子 (編) (2016) を参照のこと。

(17)　$[_{NP}\ [_{NP}$ a man $[_{CP}$ to whom_i $[_{C'}\ [_{IP}$ you can talk $t_i]]]]]$

このように wh-句だけでなくそれを含む範疇，この場合 PP が [+wh] 素性を持っているが，この素性を持つ PP to whom 全体が移動することを随伴（pied-piping）と呼ぶ。[4] この場合，to whom 全体まで浸透（percolate）し，PP の移動が可能になると説明できる。

6.2.2.　関係副詞

次に，関係副詞について見てみよう。中村・金子（2002）は（18a, b, c）の構造を（19a, b, c）のように示している。関係代名詞と同様の構造のため，ここでは樹形図ではなく bracketing（カギ括弧つきの図）で示す。関係副詞の節が補部かどうか中村・金子（2002）は明示していないが，前節の関係節同様 NP に付加しているとみなす。

(18) a.　There comes a time when nothing more can be done.
　　b.　I'm at the stage now where I'm ready to have a go.
　　c.　the day / month / year that you traveled to France
　　d.　the day / month / year / *occasion / *vacation that you traveled to France
　　e.　the place / *location / *city that you live
　　f.　the way / *manner / *fashion that you talk

（中村・金子（2002: 77））

---

[4] この「随伴」のような用語は Ross（1967, 1986）によるものである。最初の出版から 50 年以上経過しているが，生成文法の統語論分析の基礎を築いた貴重な文献である。

(19) a. There comes $[_{NP} [_{NP}$ a time $[_{CP}$ when$_i$ $[_{IP}$ nothing more can be done $t_i]]]]$

b. I'm $[_{PP} [_{PP}$ at the stage now $[_{CP}$ where$_i$ $[_{IP}$ I'm ready to have a go $t_i]]]]$

c. $[_{NP} [_{NP}$ the day $[_{CP}$ Op$_i$ $[_{IP}$ you traveled to France $t_i]]]]$

つまり，関係副詞の when，where は関係代名詞と同様 IP 内部から CP 指定部へ移動する。さらに，that が生じる場合は Op が移動している。また，中村・金子（2002）が（18d–f）に示すように，日時・場所・様態を示す関係副詞節を形成する場合，先行詞が一定の名詞に限られているのは興味深い。

6.2.3. what / whatever

この節では，先行詞を兼ねているとみなされる関係節について概観する。これらは自由関係節（free relative）と呼ばれる。[5] 中村・金子（2002）から例文を挙げる。

(20) a. They ate what(ever) they payed for

b. *They ate for what(ever) they payed.

c. I will put my books wherever you put yours.

(21) a. They ate $[_{NP} [_{NP}$ what(ever)$_i$] they payed for $t_i]$

b. *They ate $[_{PP} [_{PP}$ for what(ever)] they payed $t_i]$[6]

---

[5] HPR（2022）は本節で扱う関係詞を fused relative と呼ぶ。fused relative なのか主語，あるいは目的語を示す wh 節なのかで曖昧性を生じる場合があるが，これについては第 7 章で述べる。

[6]（21b）は以下の構造を持つ可能性もあるが，他動詞 ate が補部として PP を取れないので非文となる。

(i) $[_{PP}$ for $[_{CP}$ what(ever) they payed $t_i]$

この点は福田稔氏の指摘による。

c. I will put my books $[_{PP}$ $[_{PP}$ wherever] you put yours t_i]

（中村・金子（2002: 78））

(20a, c) は的確であるが (20b) は容認されない。この事実は，動詞 ate が他動詞であり，目的語として NP を必要とするので関係詞が NP であり，全体としても NP である (20a) は容認されるが，前置詞 for を主要部とする PP を形成し，関係節全体が PP となる (20b) は容認されないと説明できる。動詞 put は補部として目的語と場所を示す PP を取るので，それが的確に表示される (21c) が的確であることも説明できる。これらのことを考慮し，中村・金子 (2002) は自由関係節構造を以下のように規定する。

(22)　I ate $[_{NP}$ what(ever)$_i$ $[_{CP}$ Op$_i$ $[_{IP}$ they payed for t_i]]]

ここでは関係詞は基底で先行詞として導入され，関係節 PP 内で Op が CP 指定部に移動する。[7] また，HPR (2022) は以下のように what 節が解釈の曖昧性を持つ例を提示している。

(23) a. I really liked what she wrote.：自由関係節
b. I wonder what she wrote.：wh-節
c. What she wrote is unclear.：曖昧

(HPR (2022: 291))

(23c) の主語は，関係節として分析されると「彼女が書いたものは人を混乱させるようなもので理解しがたい」と解釈される。一

[7] 中村・金子 (2002) は whatever が先行詞として繰り上げられる分析の可能性も示している。

方 wh-節として解釈されると「彼女が一体何を書いたのかという疑問に対しては明確な回答がない」と解釈される。

6.3. 名詞修飾節：同格の that 節

HPR（2022）は以下の例を挙げ，関係節としての that 節と補部となる名詞と同格の that 節を区別している。

(24) a. The court rejected the suggestion that the witness made.
  b. The court rejected the suggestion that the witness lied.

(HPR（2022: 277））

(24a）における that 節は関係節であり，(23b）における that 節は主節の目的語 NP の the suggestion と同格の CP である。
以下に（24b）のような同格の CP を取る名詞を挙げる。

(25) belief, chance, command, conclusion, danger, demand, determination, desire, impression, order, possibility, proposal, rumor, sign, thought …

(荒木（編）(1997: 521））

それでは，NP と同格の CP と関係節を修飾する CP との構造の違いを以下に示す。(26a）が（24a）の，(26b）が（24b）の構造である。

(26)

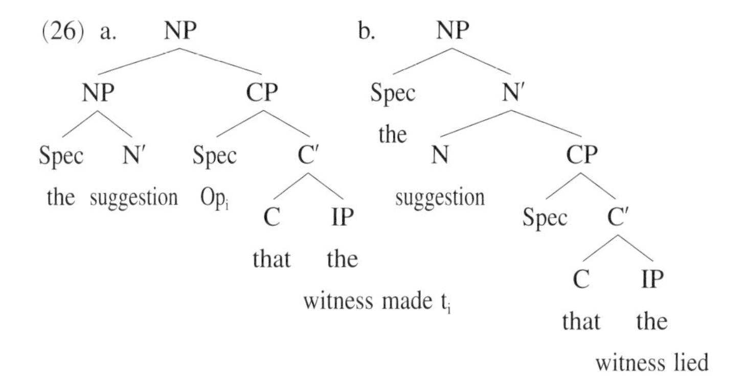

(26a) では空演算子 Op が CP 指定部に移動している。一方，(26b) では IP the witness lied は名詞 suggestion の補部である。

6.4.　本章のまとめ

以上，本節では目的語節としての that 節，wh-節，さらには名詞を修飾する関係代名詞節といわゆる同格の that 節などについて，さらには関係副詞節，自由関係詞節について分析してきた。

第7章　文の情報構造構成に関与する構文

この章では，情報構造（Information Structure: IS）を構成する際にどのように語順が変わっていくのかを分析する。IS という用語を最初使用したのは Halliday（1967）であると言われる。[1] 亀井・河野・千野（編）（1995）によると，概略「話し手が聞き手に伝えようとする新しい知識情報である新情報と，聞き手が共有していると話し手が想定する情報知識である旧情報は談話の中に組み合わせとして組織されているもの」を IS と呼ぶ。[2] この IS をどのように構成するかを考えると，主語に旧情報となり，目的語あるいは動詞に後続する要素が新情報を構成することが preference（好ましいこと／傾向）となる，と HPR（2022）は述べ，以下の例文を挙げる。

(1) a. A storm damaged the roof.
    b. The roof was damaged by a storm.

---

[1] IS 成立の歴史的経緯に関する概説は中村（2021）などを参照されたい。

[2] Chafe（1976）以来，旧情報と新情報を談話の中にどのように配置するかを Information packaging と呼ぶ。

(2) a. I bought a new guitar.
b.?*A new guitar was bought by me.
(HPR (2022: 365))

この「主語＝旧情報」はあくまで preference であるので，主語に不定冠詞が使われる (1a) は容認されるが，受動態であり，かつ不定冠詞を伴う主語となる (2b) は容認度がかなり下がる。この章では，このような IS 構成の観点から，文のどの部分にどの要素が配置されるのが好ましいかに関する分析を行う。以下，主語・主題・焦点，かき混ぜ，分裂文，倒置構造，there 構文，受動態に加えて，知的意味は同一であるものの，話者の協調したい要素が異なる構造について述べていく。

7.1. 主語・主題，焦点とかき混ぜ

7.1.1. 主語・主題

この節では主語について分析する。上述した IS の流れから行くと，主語は旧情報となることが傾向としてあるが，そもそも「主語とは何か」を主題役割 (Thematic Role) という意味論的概念を使って考えたい。以下の例，説明は原口・中村・金子 (2016) によるものである。また，イタリックが示される主題役割を表す。

(3) a. 動作主 (agent)：ある動作 (action) を意図を持って行うもの：(下線部中村追加)
John kicked the dog.
b. 被動者 (patient)：ある動作の影響を被るもの
Mary hit *John*.
c. 主題 (theme)：位置や状態の変化を被るもの

The ball rolled down the hill. ［位置変化］
The wine has already matured. ［状態変化］

d. 起点（source）：移動・状態の変化の出発点
John fell from *the tree*. ［移動］
Bill rose *from office boy* to managing director.
［状態変化］

e. 着点（goal）：移動・状態変化の到達点
John went *to the station*. ［移動］
The leaves have turned from green *to brown*.
［状態変化］

f. 場所（location）：主題の存在する場所
John kept the book *on the shelf*.

g. 経験者（experiencer）：感情・感覚などの心理的影響を被るもの
The news surprised *Mary*.

h. 受益者（benefactive）：ある行為による利益を受けるもの
John bought some books *for Mary*.

i. 道具（instrument）
Bill wounded John *with a knife*.

j. 命題（proposition）：一組の主部・述部によって表される意味内容
Bill thinks *that John loves Mary*.

上記の例以外に，“I put the book on the table.” における the book は主題を表す。このように，主題役割という概念を考慮に入れると，「主語＝動作主」という簡単な構図ですべてが説明できるわけではないことがよく分かる。例えば，“Mary was embarrassed by the news." という文では，主語 Mary は戸惑いを経験するという経験者の意味役割を持つ。また，前述の "A storm damaged the roof." では目的語 the roof は被動者であり，主語 a storm は擬人化された動作主を示す。

次に，英語の主語は文法的／統語的には明確に定義できる。動詞の時制・数と一致しなければならないからである。

(4) a. I am in trouble.
b. You are in trouble.
c. He is in trouble.

(大門 (2008: 26))

言うまでもなく，(4a) は am に対する主語は I しかあり得ない。are に対する主語は you/we/they など複数形の名詞であり，is に対する主語は単数形の名詞である。このような英語における主語の定義を日本語と比較してみると，深い分析ができる。

(5) a. 圭吾は行きます
b. 圭吾が行きます

(6) a. 圭吾は学生です
b. 圭吾が学生です

以上の4文では「行く」のは圭吾であり，「学生である」のも圭吾である。では，「圭吾」は (5a, b) (6a, b) すべての主語なのだろうか。野田 (1996) は「現象文」と「判断文」という概念を使って「は」と「が」の使い分けをする。

(7) a. 雨が降っている
b. それは梅だ

野田 (1996) によると，(7a) は現象をありのまま表現している

「現象文」である。それに対し，(7b) は課題である「それ」に対して「梅である」という判断を下している「判断文」である。野田は三尾 (1948) の主張を支持し，(7a) では「が」が，(7b) では「は」が主格を示すとしている。

これらの分析に対し，日本語学における主題分析に対して大きな影響力を持つ Kuno (1973) の分析を紹介する。[3] Kuno (1973) は以下の例を挙げる。

(8) a. 雨は降っていますが，風は吹いていません
    b. 太郎が学生です

Kuno (1973) によると，(8a) では雨と風の対照が示されるため「は」が使われる。一方，(8b) では「(今話題になっている人物の中では) 太郎だけが学生です」という総記[4] の意味を示すため「が」が使われる。この考え方は現在でも使われている。

以上の分析を踏まえて，(5a, b) (6a, b) に戻ってみよう。(5a) (6a) の「は」を使う文では明示されていなくても対照の相手が存在し，例えば「(智史は行かないけど／学生ではないけど) 圭吾は行きます／学生です」という意味を示すことが多い。また，(5a) は「あ，圭吾が昨日話していた学校に初めて行っている」というような解釈では現象文と言える。一方，(6b) は総記の解釈が優勢である。

以上見てきたように，英語では「主語＝動作主」と言い切れず，使われる動詞示す意味によって主語の果たす意味役割が変化する。一方，文法的には主語は動詞の数と一致する。さらに，目的

[3] 久野 (1973) は Kuno (1973) の日本語版である。
[4] この「総記」は北川 (2010) や中村 (2021) などでは「網羅的識別的焦点」(Exhaustive identificational focus，以下 EI-focus) と呼ぶ。

語が主題を示すことが多い。一方，日本語では「が」が主語あるいは主格を示すと言い切れないことが多く，「は」が主語あるいは主格を示す場合もある。さらに，「が」が総記，「つまり他とは異なり～が ... である」という意味を示すことがある。このような日本語と英語を比較対照して考えることにより，より2言語に対する直感が磨かれると言える。

7.1.2.　焦点とかき混ぜ

まず，ここでは英語の主題・焦点構造に関する先駆的研究を紹介する。Gundel (1974) は英語の主題・焦点構造を包括的に扱った最初の研究であると言われている。Gundel (1974) は以下のようにトピックとフォーカスを明確に区別する。

(9) a. John she CALLED.
    b. JOHN she called.
(10) a. (As for) John, she called him.
    b. It was John that she called.

(Gundel (1974: 143))

(9a) は話題化 (topicalization) の例であり，(10a) がそのパラフレーズになりうる。一方，(9b) は焦点構造の例であり，(10b) がそのパラフレーズである。[5] Gundel (1974) は，(9a) のような操作を Topic Topicalization (TT)，(9b) のような操作を Focus Topicalization (FT) と呼び，厳密に区別している。通常，(9a) のような操作では，前置された要素はコンマで区切られる。ま

[5] (10b) のような “it is ... that” 構文を分裂文 (cleft sentence) と呼ぶ。この構造については7.2節で分析する。

た，(9b) のような操作では，前置された要素には強勢が置かれる。このように，Gundel (1974) は TT と FT を明確に区別しており，その区別は強勢，あるいは前提の有無によっても裏付けられるものである。つまり，主題構造では聞き手がすでに識別できるもの，この場合は旧情報を文頭に移動させ，それに対して何かを述べるという Rizzi (1997) などが言う主題–題述 (Topic-Comment) 構造をなしている。一方，焦点構造では焦点–前提 (Focus-Presupposition) 構造をなし，聞き手にとっての新情報を文頭に移動する。つまり，(9a) では「John に関して何かが起こったことが分かっており，それは彼女が電話したということなのだ」という意味をなす。例えば (9b) には「彼女が誰かに電話をしたという前提があり，それが John である」ことを示す。

さらに，Culicover (1991) は，Gundel (1974) に従い，トピックとフォーカスを以下のように区別する。

(11) a. To Robin, I gave a book.
b. On the table, Lee put the book.
(12) a. TO ROBIN I gave a book.
b. On the TABLE Lee put the book.

(Culicover (1991: 31))

(11a, b) が主題構造，(12a, b) が焦点構造の例である。主題要素はコンマで区切られ，焦点要素には強勢が置かれる。さらに，Culicover (1991) は主題と焦点が共起する例を挙げている。その場合は，以下に示すとおり主題–焦点の順に生じる。

(13) a. This book to ROBIN I gave.
b. Last year in St.LOUIS we were living.

c. In those days a NICE car we drove.

(Culicover (1991: 33))

次に，Radford (2018) が膨大な BBC ラジオなどのデータから採取したデータからの用例を挙げる。Radford (2018) は以下の 3 種類の主題構造を提示する。主題要素はイタリックで示す。

(14) a. *Those kinds of things* I love ___, I really do.

b. *Lee*, I've been following his progress very much over the last month.

c. He's just a captivating personality. *Of that*, there is no doubt.

(Radford (2018: 40–41))

(14a) では主題要素は下線部で示される目的語位置から文頭に移動している。(14b) では，前置された主題である Lee を示す代名詞が後続する。(14c) では主題 of that の後にポーズが置かれている。さらに，以下のような文は太字で示す要素は主題ではなく焦点を示すとする。

(15) a. Speaker A: How many goals did Alfred di Stéfano score for Real Madrid?

b. **308 goals** he scored—in 396 games. Amazing!

(Radford (2018: 43))

(15a) の疑問文に対する答えを示す (15b) において，308 goals は scored の目的語位置から移動している。Radford はこのような焦点構造は疑問文に対する答えを示す文によく使われるとしている。この文は Rizzi (1997) が言う focus-presupposition 構造を取っている。実際話される際には，308 goals には強勢が置かれるはずである。膨大な口語データを分析し，Radford (2018) は Rizzi (2015) をもとに英語の左端部構造 (left periphery structure) を以下のよう示している。

(16) FORCE>TOP*>INT>TOP*>FOC>TOP*>MOD>TOP*>FIN

(Radford (2018: 67))

FORCE は文が平叙文，あるいは感嘆文であるなどの文のタイプを示す。TOP* で示される * は主題要素が複数生じることを示し，INT は Interrogative (疑問文) を MOD は Modality を，FIN は Finite (定性) を意味する。ここではその詳細には入らないが，焦点要素 (FOC) は原則として 1 文に 1 つしか生じないことは様々な言語で立証されている。

次に，日本語の分析に移る。Nakmaura (2008) ではかき混ぜが表層における QR であるとの分析を紹介したが，中村 (2011) 以来日本語のかき混ぜは，NP に後続する助詞に強勢が置かれる場合は焦点移動である，との主張を筆者は一貫して行っている。[6] 以下では Nakamua (2020) の分析を紹介する。

(17) a. 太郎，健，花子，真里の中で誰が受かったの？
b. 真里は受かりました
c. 真里**は**受かりました
d. 真里が受かりました
e. 真里**が**受かりました

(Nakamura (2020: 163))

[6] 実際には「**真里**が」のように名詞に強勢が置かれる場合と「**真里が**」のように全体に強勢が置かれる場合がある。ここでは助詞に強勢が置かれるとしておく。

(17b) は Tomioka (2016) が論じるとおり，「少なくとも真里が受かった」という意味を示す。この「は」に強勢は置かれない．一方で，強勢を受ける「は」で示される (17c) では，「他の3人は不合格だったけど真里だけが受かった」という意味を示す。さらに，「が」を伴う (17d) では，真里が受かったことを示すものの，他の3人が受からなかったことを必ずしも意味するとは限らない。それに対して，強勢を受ける「が」を伴う (17e) では，「他の3人は受からなかったけど，真里だけは受かった」という意味を示す。つまり，強勢を置かれた助詞で表示される DP は EI-focus を示す。一方で，「は」で示された DP は対照主題 (Contrastive Topic) を示す。

さらに，Nakamura (2020) は Paul and Whitman (2017) が中国語について論じた現象を日本語に適用した分析を提示している。

(18) a.　中国は大都会は上海**は**交通が乱れている
b.　中国は大都会は上海は交通**は**乱れている
c.??中国**は**大都会は上海は交通が乱れている
d. ?中国は大都会**は**上海は交通が乱れている
e.??中国は大都会**は**上海**は**交通が乱れている
f.??中国は大都会は上海**は**交通**は**乱れている
(Nakamura (2020: 168))

(18a, b) に示すように，強勢を受ける「は」が1文中に単一に生じる場合は容認される。また，(18c) で示すように強勢を受ける「は」句が文頭にある場合は容認度が下がる。さらに，(18e, f) で示すように，「は」句が複数生起する場合も容認度が下がる。同様の例を提示する。

(19) a. 文明国が男性が平均寿命が短い　(Kuno (1973: 34))
b. 文明国は男性**は**平気寿命が短い
c. 文明国は男性**が**平均寿命が短い
d. 文明国は男性**は**平均寿命は短い
e.??文明国**は**男性**は**平均寿命が短い
f.??文明国は男性**は**平均寿命**は**短い
(Nakamura (2020: 169))

(19b, c) が示すように，強勢を受ける「**は**」あるいは「**が**」句で示される DP は EI-Focus を示す。すなわち，(19b) では「平均寿命は短いのは女性ではなく男性だけ」となり，(19c) では「男性だけが平均寿命が短い」という意味を示す。(19d) は，1 文中に「は」句が 3 つ，あるいはそれ以上生起することが可能であることを示す。さらに，(19e, f) は強勢を受ける「**は**」句が複数生起すると容認度が下がることと，文頭に「**は**」句が生起すると容認度が下がることを示す。以上，本節では英語と日本語の主題・焦点構造について見てきた。Radford (2018) で示されるように，主題・焦点構造が話し言葉で頻繁に使われる事実はよく理解しておくべきである。また，Rizzi (1997) により始められた IS に関する統語論的分析はカートグラフィーと呼ばれる。その概要は遠藤・前田 (2020) を，IS とカートグラフィーとの相関に関しては中村 (2021) を参照されたい。

7.2. 分裂文

7.2.1. 分裂文

IS との関わりで分析したい次の構文は分裂文 (cleft sentence) である。分裂文は，英語では “It is ~ that/wh ...” という形式をとり，挟み込まれた要素は焦点である。学校英文法では強調構文と呼ばれる。日本語では「〜（なの）は … である」という形式を取る。また，“What S + V is 〜.” という形式を取るものもある。これは疑似分裂文 (pseudo cleft) と呼ぶ。まず中村・金子 (2002) が示す焦点となれる要素に対する制限について述べる。以下の例から見てみよう。

(20) a. It was [$_{NP}$ John] that wore a white suit at the dance last night.
b. It was [$_{NP}$ a white suit] that John wore at the dance last night.
c. It was [$_{NP}$ the dance] that John wore a white suit at last night.
d. It was [$_{PP}$ at the dance] that John wore a white suit last night.
e. *It's [$_{AP}$ very tall] that you are.
f. *It was [$_{VP}$ answer the question] that Mary did.
（中村・金子 (2002: 93)）
g. It isn't [$_{AdvP}$ often] that Jo skips a class.
h. It was [$_{CP}$ to avoid disgrace] that I resigned.
(HPR (2022: 379))[7]

(20a-f) が示すとおり，分裂文の焦点位置に生起できるのは NP，PP，AdvP，目的を示す IP である。この事実を中村・金子 (2002) は以下の範疇素性 (categorial feature) という概念を使って説明する。

---

[7] HPR (2022) は (20f) を容認しているが，荒木（編）(1996) では副詞は分裂文の焦点の位置には生じないとしている。

(21)

	[−V]	[+V]
[+N]	N	A
[−N]	P	V

[+V] 素性を持つ形容詞，動詞が分裂文の焦点位置に生じないことから，中村・金子（2002）は Stowell（1981）に従い [−V] 素性を持つ要素のみが分裂文の焦点位置に入るとしている。次に，中村・金子（2002）は分裂文の派生について考察を行い，焦点要素が CP 指定部に移動すると結論づけている。(22a) に対する構造を (22b) に示す。

(22) a. It is to John that I gave the book.
  b. It is $[_{CP}$ $[_{PP}$ to John] $[_{C'}$ that $[_{IP}$ I gave the book t_{PP}]]]

カートグラフィー分析の元では，焦点要素は Focus Phrase (FocP) 指定部に移動すると考えられる。

7.2.2. 疑似分裂文

中村・金子（2002）は疑似分裂文には焦点になる範疇に対する制限がないとして，以下の例を示している。

(23) a. What John is is $[_{AP}$ enviable].
  b. What he would have been by now is $[_{NP}$ a millionaire].
  c. What he has done is $[_{VP}$ spoil the whole thing].
  d. What Fred told us is $[_{CP}$ that he wants to quit school].
  e. What Alive intends is $[_{CP}$ to submit her manuscript to *Fortune*].

AP, NP, VP, CP が焦点要素となり得る。HPR (2022) にも焦点要素の範疇制限については述べられていない。

次に疑似分裂文に関する興味深い事実を中村・金子 (2002) から紹介したい。

(24) a. What John was doing was annoying the children.
b. ジョンが行った行為は子どもたちを苛立たせることだった。
c. ジョンが行った行為は子どもたちを苛立たせていた。

(25) a. What John became was irritable.
b. ジョンがなったのは怒りっぽい性格だった。
c. ジョンが演じた役柄はその性格が怒りっぽかった。

(中村・金子 (2002: 99))

この曖昧性は be 動詞構文の多義性に由来していると中村・金子 (2002) は論じる。XP is YP という形式には YP が XP の意味上明示されていない部分を YP が補う文と YP が XP が指すものの性質や状態を表す用法がある。以下の例文を見られたい。

(26) a. The plan is [$_{CP}$ for [$_{IP}$ John to leave]].
b. The plan is [$_{AP}$ disastrous].

(中村・金子 (2002: 100))

(26a) の is 以下は the plan の具体的内容を補完する。一方, (26b) では is 以下は the plan の性質を示す。(26a) を指定文, (26b) を叙述文と呼ぶ。つまり, (24a) (25a) には (24b) (25b) に示す指定的解釈と (24c) (25c) に示す叙述的解釈があるのである。

次に，疑似分裂文の派生について分析したい。

(27) a. $[_{IP}$ John bought $[_{NP}$ what]]

b. $[_{NP}$ $[_{NP}$ what] $[_{IP}$ John bought t_{what}]]

(27a) における what は文頭に移動する。この what は疑問詞ではなく NP であるため，全体の範疇が NP となり，それが主語位置にあると考えられる。

次に，日本語の分裂文について概説する。日本語の分裂文は節の冒頭で示したとおり，「～（なの）は … である／だ」という形式を取っている。この構文に対しては様々な分析がなされているが，ここでは Hiraiwa and Ishihara (2002) の分析に触れる。

(28) a. 太郎が食べたのはこのリンゴを（3つ）だ

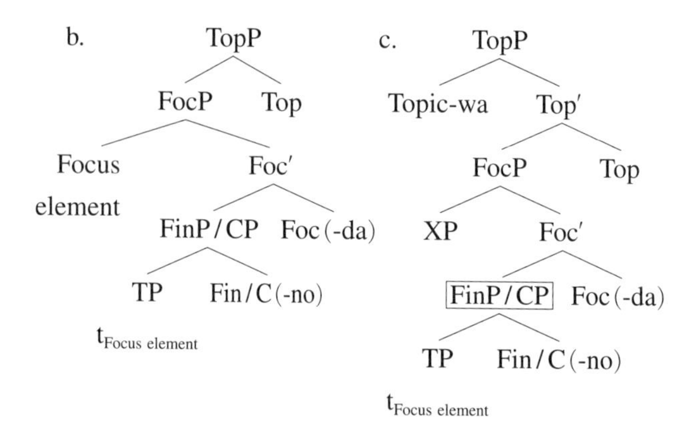

Hiraiwa and Ishihara (2002) の分析は以下の通りである。(28b) において焦点要素「このリンゴを（3つ）」が「だ」を主要部とする FocP 指定部に移動する。そして (28c) において FinP 全体が TopP 指定部に移動して (28a) の構造となる。これ以外に，野田 (1996) などが分裂文を分析している。この節を要約すると，分裂文／疑似分裂文では英語日本語共に前提－焦点構造を取ってお

り，分裂文では焦点 - 前提構造，疑似分裂文では前提 - 焦点，日本語の分裂文でも前提 - 焦点構造を取る。

7.3.　倒置構文

この節では，英語の倒置構文を取りあげる。倒置とは，場所を示す副詞句などを主語の前に置き，結果的に動詞も主語の前に移動するので，「倒置」という用語を用いる構文である。

7.3.1.　場所句前置

この節では主に場所を示す前置詞句が文頭に移動し，それに伴って動詞も移動する例文を挙げる。このような移動は文体的倒置（stylistic inversion）と呼ばれることもある。

(29) a. In the garden is an elm tree.　（荒木（編）(1997: 582)）
b. Down the hill rolled the baby carriage.
（荒木・安井（編）(1992: 641)）
c. In each hallway is a large poster of Lincoln.
d. Amon the guests were John and his family.
e. Into the room ran John.
（荒木・安井（編）(1992: 1403)）

(29a, c) では不定名詞句が，(29b) では定名詞句が，さらに (29d) では固有名詞が主語である。この事実から分かることは，この構文が果たす役割は聞き手が知らない情報を文末に置くことである。たとえ定名詞句あるいは固有名詞であっても，聞き手にとって新しい情報であれば文末に置くことができる。この事実により，(29e) が伝えたい意味内容：「部屋の中に入ってきたのは（意外にも）ジョンだった」が理解できる。これは次節で扱う

there 構文も共有する性質である。

7.3.2. 否定辞前置

この節では否定を意味する要素が助動詞（相当語句）を伴って文頭に移動し，結果的に主語 - 助動詞倒置（Subject-Aux Inversion: SAI）が起きる構文である。“Never will I help Sean.” のような形式を取る。この現象を否定辞前置（Negative Inversion: NI）と呼ぶ。NI については非常に多くの統語的分析がなされている。まず例文を提示することから始める。

(30) a. Under no circumstances would he help me.
b. Under no circumstances would *anyone* help us.
c. At no time did they reveal what they wanted.
d. At no time did *anything* unusual happen.

(31) a. For no reason, he suddenly punched someone.
a′. *For no reason did he punch someone/*anyone*.
a″. *For no reason, he suddenly punched *anyone*.
b. In no time, we were approaching Toledo.
b′. *In no time were we approaching Toledo.
b″. In no time, we were approaching *anywhere*.

(McCawley (1988: 558))

(30a, c) が示すことは，否定を示す AdjP の never，seldom などと同様に PP の under no circumstances と at no time が否定の意味を示し，文全体を作用域として取るということである。そのため NPI が生起している (30b, d) が容認される。これに対して，PP の for no reason，in no time は「何の理由もなく」，「ゼロの時間で ⇒ まもなく」という意味を持ち，否定の作用は PP 内に留まる。したがって，(31a′, b′) が示すとおり SAI を容認せず，（31a″, b″）が示すとおり否定対極表現を認可できない。

次に，SAI がどのように派生されるかを考えたい。否定要素が移動して文全体を作用域として取り，助動詞（相当語句）がそれに伴うことを考慮すると，wh-疑問文と同様に CP 指定部への移動であると考えられる。その一方で，SAI を別の範疇への移動であるとみなす分析もある。Culicover（1991）は SAI を Polarity Phrase（PolP）指定部への移動であると分析している。以下に（30a）の構造を示す。ここで主要部 Pol は [＋negative] という素性を持っていると考えられ，否定を示す AdvP の never, rarely あるいは PP の under no circumstances / in no time などがその指定部へと移動する。

(31)
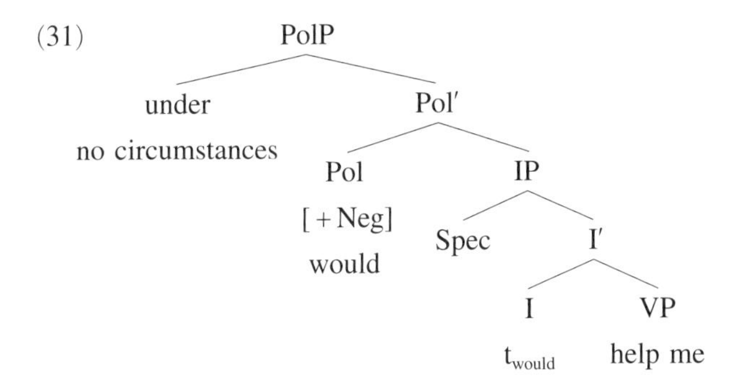

この Polarity とは否定／肯定の極性を示す範疇である。PolP を使うことにより（32a）のコンマ以下の構造も（32b）のように示すことができる。同様に（33a）後半は（33b）で示すことができる。つまり，Pol 主要部が [＋positive] 素性を持っている場合には，[＋positive] 素性を持っていると考えられる副詞 so がその指定部に移動できる。

(32) a. Mary will go to Boston next week, and so will I.

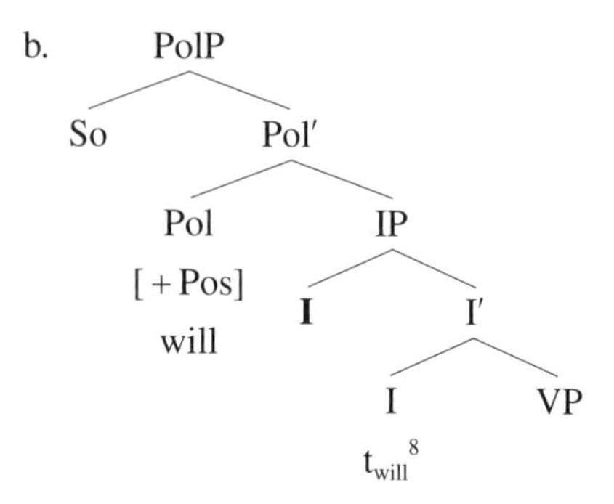

(33) a. Mary won't go to Boston, and neither will I.

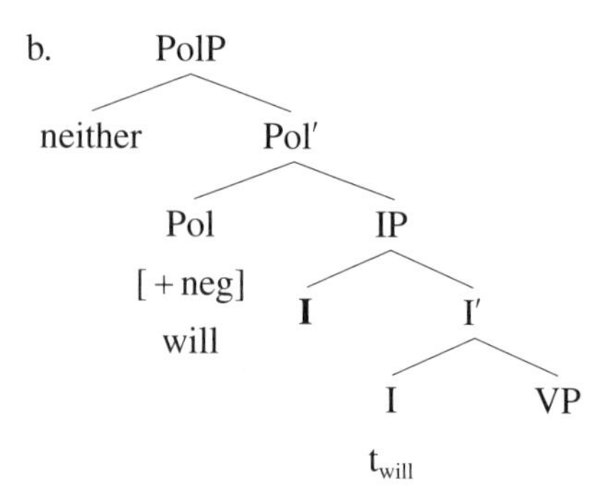

以上，本節では文体的倒置と否定辞前置について考察した。

7.4. there 構文＝提示文，存在文

この節では，there 構文について分析していく。there 構文についても様々な分析が蓄積されているが，本節では情報構造（Information Structure: IS）との関連における there 構文を中心に

[8] NI は FocP 指定部への移動であるとの考え方が現在では主流である。

取り扱う。中村・金子（2002）は3種類のthere構文を提示している。(34a) がbe動詞を用いたthere構文，(35b) 一般動詞を用いたthere構文，(35c) がリストのthere構文である。

(34) a. There is a Santa Claus.
b. Suddenly there ran out of the bushes a grizzly bear.
c. A: What's left in the back room?
B: There's the bullet cartridge, the extension cord, and several old 45's.

(中村・金子 (2002: 82))

中村・金子（2002）が言うように，(34a) は存在の（existential）there構文，(34b) は提示の（presentational）there構文とも言う。以下，中村・金子（2002）が提示する（34a, b）の特徴を紹介する。

(35) a. (34a) 型構文のbe動詞直後のNPと後続する句には主述関係がある。
b. NPの述部は一時的状態を示す
c. (34a) 型構文の意味上の主語は一般に不定名詞句に限られる。
d. (34b) 型構文の意味上の主語は動詞直後に生じ，一般に不定名詞句に限られる。
e. (34b) 型構文の意味上の主語は文末に生じ，定名詞句も許される。動詞は「存在」，「出現」の意味を示す自動詞に限定されない。

(中村・金子 (2002: 82))

まとめると，存在を示すthere構文の意味上の主語は不定名詞の場合が多いのに対し，提示，あるいはリストを示すthere構文の場合は定名詞句も生じるということである。荒木（編）(1996: 384) にも「there 構文の意味上の主語は定名詞であることはできないが，新情報を与える場合はこの限りではない」との記述がある。このような事実を考慮すると，以下のような文が容認されることが分かる。

(36) a. A: Who could we get to give a lecture on intonation?
B: Well, there's Professor Sachs, I suppose.
(HPR (2022: 377))
b. A: Who were at the conference dinner?
B: There were Barbara, Joe, John, Kyle, and Peggy.

(36a, b) 共に固有名詞が使われているが，提示されるのは聞き手が知らない情報である。つまり，新情報とはある状況の下で聞き手に提示する情報であるので，名詞の定／不定だけで決まるものではない。定名詞句が新情報であることも十分ありうる。

さらに，there 構文は存在，提示，あるいはリストを示すので，動詞に関しても制限がある。

(37) a. There arose from the lake a green monster.
b.?*There sank into the lake a green monster.
(38) a. There appeared into the room a small cat.
b.?*There disappeared from the room a small cat.

(37) (38) の (a) においては怪物，あるいは猫が文脈の中に登場することを示すので容認される。一方，(37) (38) の (b) では消えていくことを示すので，「提示」を示す役割を果たす there 構文とは相容れにくい。以上，この節では there 構文における意味上の主語と動詞の制限などについて概観した。統語構造については中村・金子（2002）などを参照されたい。

7.5.　受動文

受動文は多くの場合能動文と対応する。以下の例では能動文(39)-(41)の(a)と受動文(39)-(41)の(b)が対応し，どちらも容認される。

(39) a. Everyone saw the answer.
　　 b. The answer was seen by everyone.
(40) a. His colleagues value him.
　　 b. He is valued by his colleagues.
(41) a. Her charm matches her wit.
　　 b. Her wit is matched by her charm.
(HPR (2022: 363))

さらに，HPR（2022）が述べるとおり，能動文（42a）と受動文（42b）では旧情報が主語となる（42b）が好まれる傾向（preference）がありはするが，両方とも容認される。

(42) a. A storm damaged the roof.
　　 b. The roof was damaged by a storm.
(HPR (2022: 364))

とは言え，能動文があくまで基準（default）であり，受動文はその生起が制限される。本節では受動文の特性について IS の観点も踏まえて分析する。まず動詞の語彙特性に関する例を挙げる。

(43) a. The town boasts a great beach.
　　 b. *A great beach is boasted by the town.

(44) a. Max totally lacks tact.
b. *Tact is totally lacked by Max.
(45) a. Jill has three wonderful kids.
b. *Three wonderful kids are had by Jill.
(46) a. The jug holds three litres.
b. *Three litres are held by the jug.

(HPR (2022: 367))

Boast, lack は能動文でしか使えない。また have は動的意味を持つ場合にしか受動文にならない。さらに, hold も「含む」(contain) の意味では受動文を取れない。[9]

次に, 二重目的語構文における受動態について見てみよう。

(47) a. The boss gave me the key.
b. I was given the key by the boss.
c. %The key was given me by the boss.
(48) a. The boss gave the key to me.
b. The key was given to me by the boss.

(HPR (2022: 367))

二重目的語構文では, 受益者, つまり間接目的語が主語になる受動文 (47b) は容認される。それに対して, 直接目的語が主語となる (47c) はイギリス英語では容認度が高いが, アメリカ英語では容認度が低い。間接目的語が PP で示される (48b) はアメリカ英語, イギリス英語どちらでも容認度が高い。

また, 他動詞の目的語は受動文の主語になれることは当然であ

---

[9] HPR (2022: 367) が述べるように, 以下の (i) (ii) は容認される。
(i) She was happy to find there was both water and gas to be had.
(ii) It was held in place by duct pipe.

るが，句動詞（phrasal verb），つまり動詞＋PP あるいは動詞＋名詞＋PP の形式を持つものでも，前置詞の目的語が主語の受動文は容認される。

(49) a. People are looking into the matter.
  b. The matter is being looked after.
(50) a. They took advantage of us.
  b. We were taken advantage of.
(51) a. Someone has slept in this bed.
  b. This bed has been slept in.

(HPR (2022: 367))

(49)-(51) の (b) はすべて問題なく容認される。一方で，イディオム化している句動詞には対応する受動文は存在しない。[10]

(52) a. We came across some old letters.
  b. *Some old letters were come across.
(53) a. He lost patience with the children.
  b. *The children were lost patience with.

(HPR (2022: 368))

次に，動作の受動を示すものと過去分詞形が形容詞化されて状態を示すものとで曖昧性を生じる例を挙げる。

(54) a. Her phone was broken.
  b. 彼女の（携帯）電話が壊された。
  c. 彼女の（携帯）電話は故障していた。
(55) a. They were married.

[10] 荒木（編）(1996) にはこの点に関する多くの例文が提示されている。

b. 彼らは結婚した／結婚式を挙げた。
c. 彼らは婚姻状態にあった。

(HPR (2022: 369))

これは HPR (2002) が述べるとおり，(54b) (55b) で示す出来事 (event) 読みと (54c) (55c) で示す状態 (state) 読みとの曖昧性である。この場合，副詞 still を伴えば状態読みしかなくなる。さらに，動詞 get を使えば，以下の例が示すとおり出来事読みしかなくなる。

(56) a. Nora got bitten by a snake.
b. They didn't get changed until later.
c. She got elected mayor in 1990.
d. Her phone got broken.
e. They got married.

(HPR (2022: 368))

次に，HPR (2022) が bare passive と呼ぶ構文について考えてみる。以下の例文を見られたい。

(57) a. We had the documents checked by a lawyer.
b. You should get yourself vaccinated against measles.
c. She ordered the record destroyed.
d. He lived to see his son elected mayor.
e. We want a [house built after 1990].
f. The [complaint made by her lawyer] is being investigated.

(57a–d) は SVOC 構造をしており，例えば (57a) では『「書類を弁護士に確認してもらった状態」を持った』という意味であり，

「目的語が～された状態」を持つ／得る／命じる／見るという構造をもつ。一方，(57e, f) では受動文が名詞を修飾する構造である。

以上を踏まえて，次に受動文を英語・日本語の比較対照の観点から考えてみよう。まず，以下の例を見られたい。

(58) a. 私は財布を盗まれた。
b. I had my purse stolen.
c. My purse was stolen.
d. Someone stole my purse.
e. *I was stolen my purse.

(59) a. 私は教授にレポートを褒められた。
b. I had my essay praised by the professor.
c. My essay was praised by the professor.
d. The professor praised my essay.
e. *I was praised my essay by the professor.

(60) a. 私は教授にレポートを褒めてもらった。
b. I was glad because the professor praised my essay.

(58a) (59a) は間接受け身と呼ばれる構文であり，概略以下のような構造を取る。

(61) [$_{IP}$ わたしは [$_{IP}$ (誰かが) 財布を盗む] られた]

つまり，「私が何らかの被害に遭う，あるいは褒められるなどの行為を受ける」という構造をしている。しかし，この日本文をそのまま英語にすると，主語あるいは主題を示す「私」を主節の主語にして受動文を続ける結果，(58e) (59e) の文が完成する。これは明らかに容認されない英文である。この日本語と英語の構造の違いに加えて，英語には主体を明確にする，つまり主語を明示する傾向があることから，(58a)（59a）に対して（58d）（59d）の英文を対応させる。この「英語＝主体を明確にする」という傾向に対して，日本語には主体を曖昧にする傾向がある。[11] このことも，日本語母語話者が英語の能動文と受動文とを正しく使い分けることができないことの原因であると考えられる。こう考えると，主体が不明の場合には英語では受動態を使う，という原理が改めて見えてくる。さらに，日本語では受動文には否定的な意味合いが多くの場合含まれるため，[12]「教授がレポートを褒めた」という場面では（60a）のような「〜もらう」構文のほうがよく使われる。そして，「〜てもらう」には「褒められた結果嬉しかった」を意味することが多いので，(60b）のような文を対応させればよい。

次に，以上のことを踏まえて以下の例文を見られたい。

(61) a. This pyramid was built many years ago.
　　b. The Empire State Building was designed by Shreve, Lamb and Harmon.
　　c. Shreve, Lamb and Harmon designed the Empire State Building.

(61a）では無数の労働者が建設作業に関わっているが，特定できないため主体が明示されず受動文になる。一方，設計した会社が特定できる the Empire State Building では，受動文（61b）では主語が新情報として by 句で示される。さらに，能動文（61c）では主体としての建設会社が主語になり得るのである。

---

[11] このように，日本語が主体を曖昧にする傾向があることや過程重視の傾向を持つことは影山（2002）などで分析がなされている。

[12] 稲垣導彦氏の指摘（私信）による。

7.6. 類似する文型を持つ場合の意味解釈の違いと統語構造

この節では，SVIODO と SVO+PP で知的意味は同じであるが，実際に意味する内容が異なる構文について分析する。

(62) a. He gave Mary a book.
　　b. He sent Mary a letter.
(63) a. He gave a book to Mary.
　　b. He sent a letter to Mary.
(64) But she didn't/wouldn't receive it.

(62a, b) には (64) を続けることができないのに対し，(63a, b) に (64) を続けることはできる。このことは，SVIODO 構文において IO と DO の間に一種の所有関係が成立していることを意味する。すなわち，(62a) では本を 1 冊，(62b) では手紙が Mary に届いていることになる。このような SVIODO における所有関係についての詳細は，影山 (2001) に掲載されている論文で興味深い考察がなされているので参照されたい。

次に，IS の観点から SVIODO 構造と SVO+PP 構造を比較対照する。

(65) a. Alex gave Mary three CDs.
　　b. Alex gave three CDs to Mary.
(66) a. What did Alex gave (to) Mary?
　　b. Who did Alex gave three CDs?

(65a) は (66a) の疑問文に対する回答である可能性が高い。一方 (65b) は (66b) の疑問に対する回答である可能性が高い。つまり,「Alex が Mary に何かをあげたことが分かっていて，それが何か？」と聞く疑問文 (66a) に対しては (65a) に示されるように文末に新情報を置くことが自然な流れである。一方，「Alex が誰かに CD をあげたことが分かっていてそれが誰にか」を尋ねる疑問文（66b）に対しては（65b）に示されるように文末に受取手である Mary を置くことが自然な流れである。

この文末焦点の原則（end-focus）は，一見するとなるべく早く主張を述べる／記述するという英語の傾向からすると逆のように見えるかもしれない。

(67) a. I don't think that Katie comes to the party tomorrow.
b. ?I think Katie does not come to the party tomorrow.
(68) a. None of us thought that Matt would come.
b. *Anyone of us didn't think that Matt would come.

（67a, b）は共にケイティが来る可能性について述べているが，否定を文頭に置く（67a）のほうが使用頻度が高い。さらに，否定を文頭に置く（68a）は容認されるが，any ... not の形式を取る（68b）は容認されない。

（67a）（68a）は否定を示す場合，なるべく文頭に否定要素を置く，という英語の傾向の表れである。

(69) a. None of us can be a hero.
b. Every one of us cannot be a hero.

さらに，（69a）は「誰もヒーローにはなれない」という文否定の読みしかない。一方で（69b）には「誰もがヒーローになれるわけではない」という部分否定の読みもある。つまり，文否定を明示したい場合は否定要素を文頭に置くのである。

これらのことを考慮すると，話者の否定という立場を明確に示すという点では言いたいこと／主張と否定をなるべく文頭に示すという傾向がある。これが IS 上の効果である一方で，聞き手／

読み手が知らないことをあえて文末に置くという IS 上の効果としての文末焦点という２つの傾向を英語が持つと結論づけることができる。

7.7.　本章のまとめ

以上，本章では情報構造（Information Structure, IS）構築の観点から主題・焦点・かき混ぜ構造，分裂文，倒置構文，there 構文，受動文様々な構文を分析してきた。

第 8 章　形態論*

8.1.　形態論とは何か

形態論（morphology）とは，それぞれの言語における，語の内部構造を構成している要素を，どのようにして組み合わせることが可能であるかを取り扱う部門である。この形態論という語は本来，言語学で用いられた用語ではなく，詩人・劇作家として著名なゲーテ (Johann Wolfgang Goethe, 1749–1832) によって生物学上の用語として，使用されたのが最初とされており，19 世紀に言語学によって借用，使用されるようになったものである。

形態論は，2 つの部門から形成されており，語形成（word-formation）と屈折形態論（inflectional morphology）から形成されている。語形成の部門は，派生（derivation），複合（compounding），その他から成立しており，新語の形成に関わるものである。一方，屈折形態論における屈折とは，語が文中や他の語との文法関係を示すために語形を変化させることを指す。

この 2 つの形態部門は，どんな要素がどのように組み合わさ

---

* 本章は西原 (2012, 2013) などを加筆・修正したものである。

り，どのような語が作成されるのかを取り扱うものである。基本的には，形態部門が語以下の単位を取り扱う部門であり，語以上の単位である句や文において，語と語がどのように連結されるのかを扱うのは統語部門である。

形態部門は文法体系全体において，語以下の単位を取り扱うため，ノーム・チョムスキー（Noam Chomsky）によって提唱された生成文法理論（Generative Grammar）では，一般的に統語部門の前に位置づけられ，形態部門から統語部門に語が配給されるという仕組みとされている。

しかしながら，形態部門は文法体系において，他の音韻部門，統語部門，意味部門とまったく別に独立して存在しているものではなく，相互に影響を与え合う，モジュール体系をなしていると考えられる。

形態部門は，辞書（レキシコン：lexicon）と呼ばれる下位部門と，語を作りだす規則である語形成規則（word-formation rule）の集合から成り立っている。辞書（レキシコン）には，語を作りだすために不可欠な語基や接辞などが登録されており，さらに語形成規則に基づいて作りだされた新しい語も，辞書（レキシコン）に登録されることになる。

語形成を担う形態規則は，統語部門における，句構造規則（phrase structure rule）と同じように繰り返し性（recursiveness）を持っており，一般的に派生（derivation）の過程においては繰り返し性が見られるが，屈折（inflection）の過程では繰り返し性は見られないと考えられている。

例えば，英語の派生語では，industri-al-iz-ation-al，pre-pre-Columbian art，post-post-war などのように派生接辞付加の繰りかえし性が可能ではあるが，屈折においては，*step-s-es のように屈折接辞 -(e)s の付加の繰りかえしは認められていない。

しかしながら，elevenses（午前 11 時頃のおやつ）などのような，二重複数による例外も若干，存在しているのも事実である。例えば，サセックス地方やヨークシャ地方における英語の方言では，名詞の二重複数（double plural）である，/boet-s-ez/ ‘boat-s-es’や形容詞の二重比較，二重最上級である，better-er，mor-er やbest-est，most-est，worst-est などの例外的な付加の繰り返し形の語が散見される。

形態論において，取り扱われる語は，その内部構造から，まず，girl，book，find のような単一の構成素からなる単純語（simple word）と複雑な構成素からなる合成語（complex word）とに区別される。さらに，合成語は，blackboard のような複合語（compound word），happiness のような派生語（derivative word），walked のような屈折語（inflected word）に分けられる。ここで示す単純語，合成語の区別は，あくまで現代という一時期の共時的視点から見ての区別であることには注意が必要である。

すなわち，現代という時点から見れば，単純語としか見えない語が，実は歴史的には合成語であったということもあり得る。例えば，gospel，daisy，lord，lady という語は，現代の視点からは単純語としか見えないが，それぞれ古英語では，gōdspel（よき知らせ），dæges-ēage（日・昼の目），hlāf-weard（パンを守る者），hlǣfdige（パンをこねる者）という複合語であった。

8.2. 形態論の基本概念

形態論の基本概念としては，まず，語を分析する際に，文法形式の最も小さな単位である形態素（morpheme）と呼ばれるものが存在する。形態素とは，意味を持つ最小の単位であり，これ以上は小さく分析することができない最小の文法的単位であると考えられる。

例えば，unhappiness という語では，un-，happy，-ness はそれぞれが形態素である。これらの形態素が，複合（compounding），派生（derivation），および屈折（inflection）の作用を受けることとなる。派生や屈折を受けた合成語は独自の意味的まとまりを持つ要素である語基（base）と，語基に付加されることによってはじめて機能することができる要素である接辞（affix）とから成り立っている。また，複合語は，語基と語基の組み合わせによるものである。

派生語は，独立して現れうる語基に，それ自体では独立して現れることができない接頭辞（prefix：例えば，de-，un-，など）や，接尾辞（suffix：例えば，-al，-ize など）が付加されて造られる語である。形態論においては，複合語や派生語は形態部門で生成されると考えられ，一方，屈折語は統語部門において生成されると考えられる。また，unkindness という語では，単独で現れることのできる kind は自由形態素（free morpheme）と呼ばれ，un- や -ness のように単独で現れることのできない形態素は拘束形態素（bound morpheme）と呼ばれる。

形態素のなかには，形としては単一の形態素でありながら，機能的には同時に複数の形態素の機能を有するものがあり，かばん形態（portmanteau morph）と呼ばれる。例えば，英語の動詞の屈折語尾 -s は3人称，単数，現在を表す3つの形態素が同時に具現化されたかばん形態である。また，同一の形態素が環境によって，異なる形を取る場合があり，例えば，英語の名詞複数形態素 {Z} は，/-s/，/-z/，/-əz/ などの異形を持つ。これらの異形を同一形態素の異形態（allomorph）と言う。

また，Bloomfield（1933）は複合語を2つに分類している。すなわち，複合語の全体の意味が複合語を構成している要素の一種であると判断できるものと，そのようには判断できないものの 2 つである。一般に，前者は内心複合語（endocentric compound）と呼ばれ，後者は外心複合語（exocentric compound）と呼ばれている。例えば，内心複合語は，greenhouse（温室）や blackboard（黒板）などであり，それぞれ house，board の一種であると考えることができる。一方，外心複合語は，pickpocket（すり）や turnkey（看守）などであり，いずれもその構成要素の一種であるとは考えられない。このような 2 種類の複合語では，一般に内心複合語が外心複合語よりもはるかに，その数が多い。

8.3. 複合語の強勢と名詞句の強勢付与

次に複合語の強勢と名詞句の強勢付与の違いについて，概観することにする。一般的に複合語は，2 つ以上の語（語基）が結びつくことによって生産されるものである。生産性の非常に高い，名詞 + 名詞の複合語（複合名詞）と，同じ語（語基）の連続である名詞句との違いは一般的に，強勢の位置の違いがある。

すなわち，複合名詞は基本的にその第 1 要素（左側の要素）に第 1 強勢が付与されるのに対して，名詞句は，その第 2 要素（右側の要素）に第 1 強勢が付与されるという違いが存在する。そして，ここでは，複合名詞と名詞句を例に挙げて説明する。これらの強勢付与は生成音韻論（Generative Phonology）の枠組みに従えば，複合名詞に対しては複合語強勢規則（compound stress rule: CSR），一方，名詞句に対しては，核強勢規則（nuclear stress rule: NSR）によって付与されることになる。

(1)　[AB]c において
　a.　CSR: c が語彙の範疇なら，A が S（S＝強強勢（第1強勢））
　b.　NSP: c が句の範疇なら，B が S

(1) に基づく2つの強勢付与規則によって，複合名詞と名詞句は以下のように，異なった強勢型を持つことになると説明される（太文字が第1強勢を示す）。

(2)

a.　複合名詞	b.　名詞句
BLACKboard（黒板）	black BOARD（黒い板）
GREEN house（温室）	green HOUSE（緑の家）
ENGLISH teacher（英語の先生）	English TEACHER（英国人教師）
WOMAN doctor（産婦人科医）	woman DOCTOR（女医）
DANCING girl（踊り子）	dancing GIRL（踊っている女の子）

しかしながら，複合名詞の強勢の位置については，例外的に句強勢型の強勢を持つ語が実際にはしばしば見られる（Madison AVENUE,/MADISDON street, apple PIE/APPLE cake，など）。

8.4.　第 I 類接辞と第 II 類接辞

Siegel（1974）や Allen（1978）によれば，単語の構成要素の一部である接辞（接頭辞と接尾辞）は第 I 類接辞（class I affix）と第 II 類接辞 (class II affix) の2種類に分類することができる。そしてこの2つの接辞では，第 I 類接辞は必ず第 II 類接辞より先に語基に添加される。これを接辞添加の順序付け（ordering）と言う。これらの2種類の接辞は後に挙げる，異なる特徴を持っている。

形態論の自立性が認められたのちも，形態論が音韻論とのインターフェイスで成立しているという考えに基づき，語彙音韻論（Lexical Phonology）という枠組みが提案された。語彙音韻論では，語形成（生成形態論）に音韻論のインターフェイスの相互関連性を認めた音韻理論である。

まず，生成形態論の枠組みを簡単に概説することにする。生成形態論という理論は，語形成が語彙部門（レキシコン）において，一定の階層構造から成り立っており（これらの階層はレベル（level），クラス（class），または層（stratum）などと呼ばれています），語への接辞（接頭辞や接尾辞）の付加や語と語の結合（複合語化と呼ばれている）が，階層構造の一定の順序にしたがって形成されると提案するものである。基本的な階層構造は以下のように示すことができるが，その階層の構築数については，以下のような階層数が提案されている。

(3)　クラスＩ接辞付加
　　　　　↓（循環語強勢付与規則）
　　クラスII 接辞付加
　　　　　↓
　　語レベル音韻論

（Siegel（1974））

このような考え方（枠組み）は順序付けの仮説（ordering hypothesis）と呼ばれるものであり，クラスＩ接辞はクラスII接辞の内側のみに生起し，通常，クラスＩ接辞がクラスII接辞の外側には生起しないことが予測される。それゆえ，クラスＩ接辞がクラス II 接辞の外側に表れるような語形成過程（word-formation process）は認められないということになる。もちろん，同じクラスの接辞が連続することには問題はない。

(4) a.　第 I 類接辞は強勢位置決定に関わり，第 1 強勢の位置の移動を引き起こす場合がある。一方，第 II 類接辞は強勢位置決定にかかわらず，強勢の移動を引き起こさない。

májor → majór + ity（class I）

wóman → wóman + ish（class II）

b.　第 I 類接辞は語基，または接辞において子音や母音の音声変化を引き起こすことがある。しかし，第 II 類接辞はそのような変化を引き起こさない。

in + balance → im + balance（class I）

un + balance → un + balance（class II）

ただし，unbalance は，[ʌn-] が後続の [b] に同化して [ʌm-] と発音されることはある。その場合も，綴り字上の変化は起こらない。

c.　第 I 類接辞は，一部の例外を除き，第 II 類接辞を含んだ語に添加されることはない。

*in + [book + ish]

I　　　　II

un + [book + ish]（読書ぎらいな）

II　　　　II

d.　第 II 類接辞は複合語に添加することが可能であるが，一部の例外を除き，第 I 類接辞が複合語に添加されることはない。

mis + [under + line]
II
*dis + [up + grade]
I

このように，第 I 類接辞と第 II 類接辞は音韻的，形態的及び意味的に，明確にその特徴において区別されているが，ブローカ失語症患者の音韻的振る舞いに関してもその区別がなされている。

Kean（1974）によれば，Chomsky and Halle（1968）で導入された，語境界接辞（word-boundary affixes: #）と非語境界接辞（non-word boundary affixes: +）を Siegel（1974）や Allen（1978）が前者を第 II 類接辞，後者を第 I 類接辞として解釈していることから，強勢移動を引き起こさない [# [# definite #] ness #] という構造では “definite” までが，音韻語（phonological word）であると定義し，音韻語以外の要素である “ness” の部分が脱落するとしている。一方，強勢移動を引き起こす [# [# definte +] ive #] という構造では，“definitive” までが音韻語となるので + ive の脱落は見られない。

さらに，強勢移動を引き起こさないような，複数形を示す屈折接辞，属格の接辞，動詞の屈折語尾のような機能語や名詞を形成する -ing は音韻語ではないので，英語のブローカ失語症患者らによっては，脱落させられていると指摘している。そして，Kean（1974）は音韻的観点から，「ブローカ失語症患者の言語では音韻語でない要素が削除される」と結論づけている。

その一方，例えば，接尾辞 -able，-ize などのように，第 I 類接辞と第 II 類接辞の両方の特徴を兼ね備えている二重クラス接尾辞（dual class suffix）と呼ばれるものが存在する。まず，-ize

では，その生産性はかなり高く，名詞の語基に付加（alchohol−alchoholize など）されたり，形容詞にも（familiar−familiarize など）添加されたりする。強勢についても，第 I 類接辞のように強勢の移動を引き起こす場合（gélatin−gelátinize など）がある一方，第 II 類接辞のように強勢の移動を引き起こす場合（skél-ton−skéltonize など）がある。さらに，同一の単語でも，強勢移動している語と強勢移動を引き起こしていない形が併存している場合がある（cátholic → cátholicize/cathólicize など）。次に，-able についてであるが，これも，強勢の移動を伴う場合と伴わない場合が併存している接辞であり，cómparable（匹敵する）という場合は強勢移動しているので第 I 類接辞であるが，compárable（比較できる）は強勢移動がないので，第 II 類接辞であるということになる。

しかし，Burzio (1994) では，第 I 類接辞と第 II 類接辞というような英語における接辞の区別は適格なものではなく，これらをラテン語系接辞とゲルマン語系接辞に分けるべきであるという主張もある。

ここでは，とりあえず，Szpyra (1989) に基づいて，第 I 類接辞と第 II 類接辞を列挙してゆく：第 I 類接尾辞，-y（名詞を形成），-ate, -ion, -ity, -(i)fy, -al（形容詞を形成），-ous, ory, -ic, -ary, -use, itude, -ial（以上 Siegel (1974)），-th, -ette, -ian, -a, -ese, esque（以上 Selkirk (1982)），-an, -ious, -is（以上 Strauss (1982)），第 II 類接尾辞は，-y（形容詞を形成），-ness, -less, -ly, -ish, -like, -some, -ful, -al（名詞を形成），-ed, -ing（以上 Siegel (1974)），-hood, -age, -ling, -let, -dom, -worthy（以上 Selkirk (1982)），-ship, -er（以上 Strauss (1982)），そして第 I 類接頭辞は，in-, con-, per-, ab-, sub-, dis-, trans-, inter-, para-, de-（以上 Siegel (1974)）。

第 II 類頭接辞は，anti-，pro-（以上 Siegel (1974)），non-，step-，ex-（以上 Selkirk (1982)）などである。そして，先にも述べたのと同様に，Siegel (1974)，Aronoff (1976)，Selkirk (1982) なども が主張する，いわゆる二重接辞（dual class affixes）は以下のとおりである：接尾辞は，-ize，-ment，-able，-ism，-ist，-ive，-y（名詞を形成），で接頭辞は，hyper-，circum-，neo-，auto-，mono-（以上 Selkirk (1982)）である。

このような接辞のクラス分けのモデルをさらに修正し，クラスの数を増やした枠組みが，Allen (1978) によって提案された理論が，拡大順序付け仮説（Extended Ordering Hypothesis）である。なお，Allen (1978) では，クラスという用語ではなく，レベルという用語を用いている。

(5) 拡大順序付け仮説 (Extended Ordering Hypothesis)
レベル I 接辞付加
↓
レベル II 接辞付加
↓
レベル III 接辞付加（ゼロ派生・複合語化・non- 接辞付加）

Allen (1978) によるこの理論にしたがえば，次に挙げるようなレベル III で形成された複合語の外側には，レベル II 接辞である un- が決して付加されないという事実を的確に説明することができる。

(6) $*un_{II}$-$[forward\text{-}looking]_{III}$ $*un_{II}$-$[home\text{-}made]_{III}$
$*un_{II}$-$[color\text{-}blind]_{III}$ $*un_{II}$-$[hand\text{-}washable]_{III}$

さらに，クラス III 接辞付加作用の 1 つである non- 接辞付加が，例外的に複合語に付加されるという現象が実在するという事実もまた，うまく説明することが可能となる。

(7)　non_{III}-[forward-looking]$_{III}$　non_{III}-[home-made]$_{III}$
　　non_{III}-[color-blind]$_{III}$　non_{III}-[hand-washable]$_{III}$

しかしながら，Selkirk（1982）は，複合語の外側に付加されてはいけないレベル II 接辞（接頭辞）が付加されている例が存在していると指摘されている。

(8)　un_{II}-[self-sufficient]$_{III}$　ex_{II}-$frogman_{III}$
　　un_{II}-[top-heavy]$_{III}$　mis_{II}-$underline_{III}$

(Selkirk（1982))

例えば，(8) の self-sufficient は複合語（つまり，レベル III）なので，(6) に示したように，レベル II 接頭辞である un- は付加されないはずだが，(8) では unIIself-$sufficient_{III}$ として成立している。

このように Allen（1978）の理論ではうまく説明ができない例が存在している。このような例外的と思われる例をうまく説明するために，Selkirk（1982）は次のような階層化のモデルを提案している。この Selkirk（1982）による階層化にしたがえば，レベル II において複合化と un-II のようなレベル II 接頭辞付加が同時に行われると考えられる。そうすれば矛盾なくこのような 2 つの形態操作が同時に行われることを適切に説明することが可能となる。つまり，以下に示すように，Selkirk（1982）が提案するレベルの階層化は，2 つのレベル II での形態操作が妥当であるということを明らかにしている。

(9)　レベル I 接辞付加
↓
レベル II 接辞付加・複合語化過程　un_{II}-[self-sufficient]$_{II}$

8.5.　語彙音韻論の枠組み

語彙音韻論（lexical phonology）とは，語形成（(生成）形態論）と音韻論のインターフェイスを提唱する音韻理論であり，形態論における階層構造とさまざまな音韻規則がお互いに関連性をもって，語レベルから文レベルに至るまでの派生過程が行われる文法構造の枠組みである。語彙音韻論における基本的枠組みのモデルを提示すると以下のようなものが挙げられる。

(10)　語彙音韻論 (Lexical Phonology)
語彙部門 (Lexicon)
(1)　基底表示 (Underlying Representation: RP)
[形態論 (Morphology) ⇔音韻論 (Phonology) レベル 1]
[形態論 (Morphology) ⇔音韻論 (Phonology) レベル 2]
[形態論 (Morphology) ⇔音韻論 (Phonology) レベル N]
↓
(2)　語彙表示 (Lexical Representation)
(語彙挿入，休止挿入)
↓
[後語彙音韻論 (Post-Lexical Phonology)]
↓
(3)　音声表示 (Phonetic Representation: PR)

このように，形態論の階層構造での単語の形成と音韻論（音韻規則の適用）とのインターフェイスによって説明したものが，以下の，Mohanan（1982）などで提案されている4層から成る，標準的な語彙音韻論の枠組みである。

（11）　層1：クラスⅠ接辞付加，不規則的屈折接辞付加
　　　　層2：クラスⅡ接辞付加
　　　　層3：複合語形成
　　　　層4：規則的屈折接辞付加
　　　　　　　　　↓
　　　　後語彙音韻論（Post-Lexical Phonology）
（Mohanan（1982））

さらに，この階層構造から，層3の複合語の外側に，クラスⅠ接辞，クラスⅡ接辞が生じないことが分かり，さらに，複合語の外側に層4の屈折接辞が生じ，内側には決して生じないことが分かる。したがって，以下に示されるような順序付けを守らない派生語は認められないことになる。

（12）a. *event-less-ity（[X]+II+I）
　　　*employ-ment-al（[X]+II+I）
　　b. *in-[book-ish]（I+[X+II]）
　　　*in-[though-ful]（I+[X+II]）
　　c. *un-[color-blind]（II+[X+Y]）
　　　*un-[shock-resistant]（II+[X+Y]）
　　d. *[hand-s towel]（[X+s+Y]）
　　　*[flie-s paper]（[X+s+Y]）

ちなみに，Mohanan（1982, 1986）では，このような，階層化の順序にしたがわない現象を説明するのに，（13）のような，層

3から層2への「逆行（loop）」という不自然で例外的な取り扱いを提案している。しかしながら，このような提案は非常に特殊なものであるから，妥当性は高くないと考えられている。

(13) 層2（接辞付加）：$\mathrm{re}_{\mathrm{II}}$-[air condition]
↑
層3（複合語化）：[air condition]

8.6. 順序付けのパラドックス

様々な提案に基づく語彙音韻論の枠組みの場合も，ある一部の語の音韻的・形態論的派生過程において，適切に説明できない現象が存在する。しかしながら，どのような層についての枠組みにおいても，解決できないような問題が存在する。それは，順序付けのパラドックス（ordering paradoxes）と言われるものである。このパラドックスを ungrammaticality という語の接辞付加過程による派生で見ることにする。

順序付けの仮説では，-ity はクラスIの接辞であり，un- はクラスIIの接辞であるから，まず -ity による接辞付加が行われ次に，un- が付加されることにより，(14a) のような派生が得られる。つまり，形容詞である grammatical に -ity が付加されて grammaticality という名詞が派生し，この名詞に un- が付加されて ungrammaticality が生じることになる。しかしながら，この派生だと，接頭辞 un- は形容詞に付加されなければならない，という下位範疇化の条件に違反している。そこで，このような違反を犯さないために，(14b) のように，先に un- を形容詞の grammatical に付加し，次に ungrammatical となった形容詞に -ity を付加して ungrammaticality を形成するとする。

しかし，このような派生にすると，クラスII接頭辞のun-が，クラスI接尾辞の-ityよりも，先に付加されることにより，順序付けの仮説に従わないことになり，このような現象を順序付けのパラドックスと呼ぶ。

(14) a.　[un [[grammatical]$_A$ ity]$_N$]$_N$
　　 b.　[[un$_{II}$ [grammatical]$_A$]$_A$ ity$_I$]$_N$

(西原 (1994a, b))

また，unhappierという語では，音韻的には，-erは3音節語には付加されないので，(15a) のような構造を持っていると考えられる。つまり，happyに-erが付加されてhappierが作られ，このhappierに接頭辞un-が付加されてunhappierが生じている。しかしながら，意味的にはunhappierは“not more happy”ではなく“more not happy”という意味になるので，(15b) のような構造を持っていると考えられる。要するに，形容詞happyにun-がまず付加されてunhappyが生じ，次にこのunhappyに-erが付加されていると解釈される。

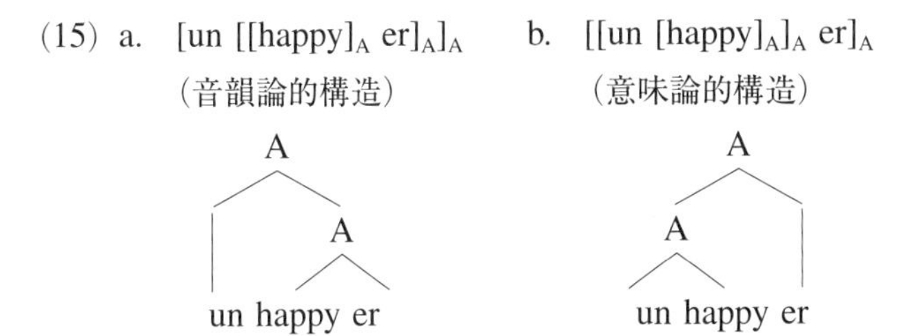

これらの例は，正確には順序付けの仮説に対しての例外ではない。しかしながら，2つの条件を同時に満たすことができないという点から，順序付けの仮説のパラドックスの1例として取り扱われるのが一般的である。

8.7. 英語の口蓋化と音律範疇の形成

次に挙げる音韻範疇は，統語論における名詞句（句構造）とほぼ同じ構造が対応している音韻句（Phonological Phrase: PP）と音韻語（Phonological Word: PW）の間に位置する接語グループ（Clitic Group: CG）である。この接語グループを音韻規則の適用領域とする音韻規則は英語の口蓋化規則（English Palatalization）が挙げられる。この英語の口蓋化規則は，後語彙部門[1]においてはその適用領域を接語グループとしており，語彙部門においては音韻句より小さな単語レベルに対応している音韻範疇である音韻語（Phonological Word: PW）でも適用領域となっている。

しかし，語彙部門においては音韻句においての英語の口蓋化規則の適用は，範疇的（categorical）であり，このことは，この音韻規則の適用が有るか，無いかの明確な区別が存在することを示している。一方，後語彙部門における英語の口蓋化規則の適用は漸次的（gradient）であり，これは音韻規則の適用結果が完全なものから不完全なものまでの段階的に現れるということを示唆している。

（16） 英語の口蓋化規則（English Palatalization）
　　[s] → [ʃ] / [___ [j]]$_{CG}$
　　Domain: Clitic Group（CG：接語グループ）

---

[1] 語を越えた句や文を扱う部門。

(17)　〈語彙部門〉　　　　　　〈後語彙部門〉

a.　$[[\text{mission}]_{PW}$　　b.　$[\text{miss you}]_{CG}$

[s] [j] → [ʃ]　　　　[s] [j] → [ʃ]

[s] [j] → [s] [j]

適用形式：範疇的（絶対的）　　漸次的（段階的）

また，Bush (2001) でも，以下に見られるように，使用頻度の低い (18a) の場合には，2語にまたがる口蓋化 (palatalization) 適用されず，使用頻度の高い (18b) の例では適用されていると指摘している。つまり，口蓋化が適用される条件は (19) のようにまとめることができる。

(18) a.　… they didn't talk goo[d] [y]ou know.

$([d]\ [j])_{CG}$ → [dj]（口蓋化が適用されない）

b.　would[d] [y]ou like me to teach you how to swim?

$([d]\ [j] \rightarrow [dʒ])_{CG}$（口蓋化が適用される）

(19)　[W]ord boundary palatalization is more likely between two words if these words occur together with high frequency.

（2つの語が併用される頻度が高いと口蓋化が起きやすい）

(Bush (2001))

この Bush (2001) の指摘は使用頻度に基づく，口蓋化規則適用の度合いの違いを説明する一方，発話速度の違いによって，形成される接語グループ (CG) の領域の相違に基づいて，的確に説明することが可能であり，(20) に示す口蓋化の現象は (21) のように定式化することが可能である（Φは休止を示す）。

(20) a.　Low frequency（使用頻度が低い）：[d] [j] → [dj]

$(\text{good})_{PW}$ Φ $(\text{you})_{PW}$ → $(\text{good})_{CG}$ $(\text{you})_{CG}$

b. High frequency（使用頻度が高い）：[d] [j] → [dʒ]
(Would)$_{PW}$ (you)$_{PW}$ → (Would you)$_{CG}$

(21) a. Obligatory palatalization：Internal Words（語内部）
（義務的口蓋化）

b. Optional palatalization I：High frequency → applied
（随意的口蓋化：語を越えた領域）（高い頻度）（規則適用）

c. Optional palatalization II：Low frequency → not applied
（随意的口蓋化：語を越えた領域）（低い頻度）（規則不適用）

このような使用頻度の観点からは，以下に挙げるような個別の語の内部における音韻変化にも大きな影響を及ぼしていると言える。まず，アメリカ英語で見られる弾音化（flapping）という現象でも，次のように使用頻度の高い語ほど，その適用率が，使用頻度の低いものより，高いといえる。

(22) 弾音化（flapping）

使用頻度＝高い＝適用率大	使用頻度＝低い＝適用率小
vani[D]y	ami[t]y または ami[D]y
encoun[D]er	enchan[t]er または enchan[D]er

また，音韻変化の受けやすさは，構造の複雑でない単純語のほうが，構造的に複雑な合成語（派生語）よりも受けやすいとされている。

(23)　弾音化 (flapping)

単純語 (単一形態素：water)	派生語 (複雑：dirt＋y)
wa[D]er	dir[D]y または dir[t]y

さらに，これも英語の音韻現象である，弱母音脱落 (schwa vowel reduction/schwa deletion) でも，使用頻度に基づき，脱落の有無や割合が異なっているのもの事実である。すなわち，使用頻度の高い語では，弱母音脱落が生起しやすい一方，使用頻度の低い語では，脱落は起きにくい，と説明される。

(24)　弱母音脱落 (schwa deletion)

使用頻度＝高い＝適用率大	使用頻度＝低い＝適用率小
gen[e]r[a]l	ephem[e]r[a]l
diam[o]nd	di[a]lect
mem[o]ry	mamm[a]ry
([ə] → ϕ)	([ə] > ϕ)

8.8.　音韻語形成の役割

また，音律音韻論における音律範疇の1つである音韻語 (phonological word: PW) も語形成における派生過程で重要な役割を果たしている。

この音韻語の役割とその形成については，Booij and Rubach (1984) においても類似した提案がなされている。彼らによれば，クラスI接辞はこう着接辞 (cohering affixes) と呼ばれ，前の音韻語に吸着されて，1つの音韻語になる。一方，クラスII接辞は非こう着接辞 (non-cohering affixes) と呼ばれ，前の音韻語とは独立して，新たな音韻語を形成するとされている。これらの特徴を示した語の派生過程は (25) のように表示されることになる。

(25) a. クラスＩこう着接辞 (cohering affixes): -ity

b. クラスII 非こう着接辞 (non-chohering affixes): un-

c. $(\text{un})_{PW}$ $(\text{grammatical-ity})_{PW}$

(Booij and Rubach (1984))

さらに，(25) にみられるように，Szpyra (1989) においても，同じように，クラスＩ接辞とクラスII 接辞の違いが定義され，定式化されている。その働きと機能は，Booij and Rubach (1984) とほぼ同じものであり，クラスＩ接辞は，語基などと融合して１つのクラスＩ接辞語を形成しているが，クラスII 接辞は，語基などとは独立して，単独で２つ目の音韻語を形成することになることを示唆している。例えば，(27) の例でいえば，クラスＩ接尾辞の -ity は pure と音韻語を形成して派生しているが，クラスII 接頭辞の un- は natural と音韻語を形成しないため，un- も natural もそれぞれ独立した音韻語となっていることを示している。

(26)

		Suffixes	Prefixes
a.	Class I	+X	X+
	Class II	[+X]	[X+]

b. [ ] → $([\ \ ])_{PW}$

(Szpyra (1989))

(27) purity → $(\text{purity})_{PW}$

unnatural → $(\text{un})_{PW}$ $(\text{natural})_{PW}$

musician → $(\text{musician})_{PW}$

bombing → $(\text{bomb})_{PW}$ $(\text{ing})_{PW}$

hindrance → $(\text{hindrance})_{PW}$

hinderer → $(\text{hinder})_{PW}$ $(\text{er})_{PW}$

(Szpyra (1989))

したがって，上記の枠組みによって，ungrammaticality という語は (28) のような音韻語から構成されることになる。

(28) Lexicon　$(\text{grammatical})_{PW}$
Class I　$(\text{grammatical} + \text{ity})_{PW}$
Class II　$(\text{un})_{PW}$ $(\text{grammatical} + \text{ity})_{PW}$

そしてまた，(29) (30) のように定義することによって，英語の失語症患者にみられるその他の脱落要素についても，説明を試みてみると，音韻語の存在の妥当性が明らかになる。

(29) … function words, like the plural marker -s and the nominalization suffixes -ness and -ing, are not phonological words. (Kean (1974))
(複数形の -s のような機能語や名詞を作り出す -ness や ing は音韻語ではない)

(30) Items which are not phonological words tend to be omitted in the language of Broca's aphasics.
(Kean (1974))
(音韻語ではない要素は，ブローカ失語症患者の言語において，削除される傾向がある)

上記の定義 (や Kean (1974)) に従って，英語の失語症患者の脱落要素である，音韻語の外側に位置する機能語である屈折接尾辞や冠詞などの脱落も的確に説明することができる。つまり，(31) に示したように，look および book のみで音韻語を形成するため，屈折接尾辞の -s，-ing，-ed そして定冠詞の the が脱落してしまうという事実をうまく説明できることになる。

(31) a.　[# [# look #] s #]　→ $(\text{look})_{PW}$ (s)

b. [# [# look #] ing #] → (look)$_{\mathrm{PW}}$ (~~ing~~)
c. [# the [# book #] #] → (~~the~~) (book)$_{\mathrm{PW}}$
d. [# [# look #] ed #] → (look)$_{\mathrm{PW}}$ (~~ed~~)

8.9. まとめ

以上，本章では形態構造における様々な単語形成に関わる形態規則の役割や機能を概観した。また，単語形成と音韻論との関係も含めて概説を行った。

推薦図書

- Swan, Michael (2016) *Practical English Usage*, 4th ed., Oxford University Press.

  英文法に関して不明な点があるときにはまず参照すべき文献である。

- 影山太郎 (2002)『ケジメのない日本語』岩波書店.

  結果重視の英語⇔過程重視の日本語という構図から様々な用例を駆使して日英比較を行っている。専門書としても入門書としても推薦できる。

- Radford, Andrew (1981) *Transformational Syntax*, Cambridge: Cambridge University Press.

  統語分析の基本を押さえるためには最適の図書。日本語訳も出版されている。

- Ross, John Robert (1986) *Infinite Syntax!*, Ablex.

  Ross (1967) の改訂版であり英語における様々な現状を扱っている。統語論分析の基礎を知る貴重な文献である。

- McCawley, James D. (1988) *The Syntactic Phenomena of English* Vols 1 and 2, University of Chicago Press.

  Ross (1986) と同様に英語の現象を幅広く紹介している。GB 理論に基づく分析であるが，統語論の基本書と言える。

・中村捷・金子義明 (2002)『英語の主要構文』研究社.
英語の主要構文を非常に分かりやすく統語的に分析している。

・大石強 (1988)『形態論』開拓社.
用例が豊富であり，形態論全体を概観するのに適している良書である。初級者から上級者にかけて，幅広い読者層が対象である。

・影山太郎 (1993)『文法と語形成』ひつじ書房.
日本語の用例が豊富で，様々な語形成に関わる理論が紹介されており，最後には著者が提唱する「モジュール形態論」の枠組みが紹介されている。中級者から上級者向きである。

・大石強・西原哲雄・豊島庸二 (2005)『現代形態論の潮流』くろしお出版.
形態論における，様々な観点からの当時の最新論文が13編収められており，日本での形態論研究の知見を得ることのできる論文集である。中級者から上級者向きである。

・西原哲雄（編)『形態論と言語学諸分野とのインターフェイス』開拓社.
形態論を中心とした観点から，他の言語学分野とのインターフェイスの関係性に焦点をあてた論文集兼概説書である。初級者から上級者向きである。

参考文献

Aarts, B. (1992) *Small Clause in English: The Nonverbal Types*, Mouton de Gruyter, Berlin.

Allen, Margaret (1978) *Morphological Investigations*, Doctoral dissertation, University of Connecticut.

安藤貞雄 (1983)『英語教師の文法研究』大修館書店，東京.

安藤貞雄 (2008)『英語の文型』開拓社，東京.

Aoun, Joseph and Yen-hui Audrey Li (1993) *Syntax of Scope*, MIT Press, Cambridge, MA.

荒木一雄 (編) (1997)『新英文法用例辞典』研究社，東京.

荒木一雄・安井稔 (編) (1992)『現代英文法辞典』三省堂，東京.

Aronoff, Mark (1976) *Word Formation in Generative Grammar*, MIT Press, Cambridge, MA.

Bloomfield, Leonard (1933) *Language*, Holt Rinehart & Winston, New York:

Booij, Geert E. and Jerzy Rubach (1984) "Morphological and Prosodic Domains in Lexical Phonology," *Phonology Yearbook* 1, 1–27.

Bruzio, Liugi (1994) *Principles of English Stress*, Cambridge University Press, Cambridge.

Bush, Nathan (2001) "Frequency Effects and Word-Boundary Palatalization in English," *Frequency and the Emergence of Linguistic Structure,* ed. by Joan Bybee and Paul Hopper, 255–280, John Benjamins, Amsterdam.

Chafe, Wallace L. (1976) "Givenness, Contrastiveness, Definiteness, Subjects, Topics, and Point of View," *Subject and Topic*, ed. by Charles N. Li, 25–55, Academic Press, New York.

Chomsky, Noam (1970) "Remarks of Nominalization," *Readings in English Transformational Grammar*, ed. by R. A. Jacobs and P. S. Rosembaum, 184–221, Ginn and Company, Waltham, MA.

Chomsky, Noam and Morris Halle (1968) *The Sound Pattern of Eng-*

lish, Harper & Row, New York.

Culicover, Peter (1991) "Topicalization, Inversion, and Complementizers in English," ms., Ohio State University.

遠藤喜雄・前田雅子 (2020)『カートグラフィー』開拓社，東京.

Gundel, Jeanett K. (1974) *The Role of Topic Comment in Linguistic Theory*, Doctoral dissertation, University of Texas at Austin.

Haegeman, Liliane (1994) *Introduction to Government and Binding Theory*, 2nd ed., Blackwell, Oxford.

Halliday, M. A. K. (1967) "Notes on Transitivity and Theme in English: Part 2," *Journal of Linguistics* 3, 199–244.

原口庄輔・中村捷・金子義明（編）(2016)『増補版チョムスキー理論辞典』研究社，東京.

Hiraiwa, Ken and Shinichiro Ishihara (2002) "Missing Links: Cleft, Sluicing, and 'No da' Construction in Japanese," *MIT Working Papers in Linguistics* 43, 35–54.

Hoji, Hajime (1985) *Logical Form Constraint and Configurational Structure in Japanese*, Doctoral dissertation, University of Washington.

Huddleston, Rodney, Geoffrey K. Pullum and Brett Reynolds (2022) *A Student's Introduction to English Grammar*, 2nd ed., Cambridge University Press, Cambridge.

Jackendoff, Ray (1977) *X′ Syntax*, MIT Press, Cambridge, MA.

影山太郎 (2001)『日英対照動詞の意味と構文』大修館書店，東京.

影山太郎 (2002)『ケジメのない日本語』岩波書店，東京.

亀井孝・河野六郎・千野栄一（編）(1995)『言語学大辞典　第6巻　述語編』三省堂，東京.

加藤泰彦・吉村あき子・今仁生美 (2010)『否定と言語理論』開拓社，東京.

勝見務 (2001)『英語教師のための英文法再整理：7文型のすすめ』研究社，東京.

Kayne, Richard (1994) *The Antisymmetry of Syntax*, MIT Press, Cambridge, MA.

Kean, Mary Louise (1974) "The Linguistic Interpretation of Aphasic Syndromes," *Cognition* 5, 9–46.

北川義久（2010）「日本語の焦点に関する主文現象」『統語論の新展開と日本語研究』，長谷川信子（編），269-300，開拓社，東京．

Kuno, Susumu（1973）*The Structure of the Japanese Language*, MIT Press, Cambridge, MA.

久野暲（1973）『日本文法研究』大修館書店，東京．

Kuno, Susumu and Ken-ichi Takami（1992）*Grammar and Discourse Principle*, University of Chicago Press, Chicago.

Larson, Richard（1988）"On the Double Object Construction," *Linguistic Inquiry* 19, 335-391.

Lasnik, Howard（1972）*Analyses on Negation in English*, Doctoral dissertation, MIT.

May, Robert（1977）*The Grammar of Quantification*, Doctoral dissertation, MIT.

May, Robert（1985）*Logical Form*, MIT Press, Cambridge, MA.

McCawley, James D.（1988）*The Syntactic Phenomena of English,* Vols 1 and 2, University of Chicago Press, Chicago.

三尾砂（1948）『國語法文法論』三省堂，東京．

Miyawaga, Shigeru（2003）"A-Movement Scrambling and Options without Optionality," *Word Order and Scrambling*, ed. by Simin Karimi, 176-200, Blackwell, Oxford.

Mohanan, Karuvannur P.（1982）*Lexical Phonology*, Doctoral dissertation, MIT.

Mohanan, Karuvannur P.（1986）*The Theory of Lexical Phonology*, Ridel, Dordrecht.

Nakamura, Koichiro（2008）"Japanese Object Scrambling as Overt Scope Shifting Operation," *CLS* 40, 235-247.

中村浩一郎（2011）「トピックと焦点―「は」と「かき混ぜ要素」の構造と意味機能」『70 年代生成文法再認識：日本語研究の地平』，長谷川信子（編），207-229，開拓社，東京．

Nakamura, Koichiro（2020）"Types and Functions of *Wa*-marked DPs and their Structural Distributions," *Information Structural Perspective of Discourse Particles*, ed. by Pierre-Yves Modicom and Olivier Duplâtre, 161-175, John Benjamins, Philadelphia.

中村浩一郎（2021）「カートグラフィーと情報構造のインターフェイス」

『統語論と言語学諸分野とのインターフェイス』，中村浩一郎（編），161-199，開拓社，東京.

中村捷・金子義明（2002）『英語の主要構文』研究社，東京.

中村捷・金子義明・菊地朗（1989）『生成文法の基礎』研究社，東京.

西原哲雄（1994a）「語構造のパラドックスと音律構造 ― 経済性の原理との係わり ―」『甲南英文学』第 9 号，44-60.

西原哲雄（1994b）「複合語の屈折と慣用化」『ことばの音と形』，枡矢好弘教授還暦記念論文集刊行会（編），230-238，こびあん書房，東京.

西原哲雄（2012）『英語の形態論とレキシコン』晃学出版，名古屋.

西原哲雄（2013）『文法とは何か』開拓社，東京.

野田尚史（1996）『「は」と「が」』くろしお出版，東京.

大門正幸（2008）『「主語」とは何か？ ― 英語と日本語を比べて ―』風媒社，東京.

太田朗（1980）『否定の意味』大修館書店，東京.

Paul, Watlraud and John Whitman (2017) "Topic Prominence," *The Wiley Blackwell Companion to Syntax*, 2nd ed., ed. by Martin Everaert and Henk C. van Riemsdijk, 4473-4503, Wiley Blackwell, Oxford.

Radford, Andrew (1981) *Transformational Syntax*, Cambridge University Press, Cambridge.

Radford, Andrew (1988) *Transformational Grammar*, Cambridge University Press, Cambridge.

Radford, Andrew (2004) *English Syntax: An Introduction*, Cambridge University Press, Cambridge.

Radford, Andrew (2018) *Colloquial English: Structure and Variation*, Cambridge University Press, Cambridge.

Rizzi, Luigi (1997) "The Fine Structure of the Left Periphery," *Elements of Grammar*, ed. by Liliane Haegeman, 281-337, Kluwer, Dordrecht.

Rizzi, Luigi (2015) "Cartography, Criteria and Labeling," *Beyond Functional Sequence: The Cartography of Syntactic Structures*, Vol. 10, ed. by Ur Shlonsky, 314-318, Oxford University Press, Oxford.

Ross, John Robert (1967) *Constraints on Variables in Syntax*, Doctoral

dissertation, MIT.
Ross, John Robert (1986) *Infinite Syntax!*, Ablex, Norwood, NJ.
Safir, Ken (1983) "On Small Clauses as Constituents," *Linguistic Inquiry* 14, 730-735.
澤田治・岸本秀樹・今仁生美 (2019)『極性表現の構造・意味・機能』開拓社，東京.
Selkirk, Elizabeth (1982) *The Syntax of Words*, MIT Press, Cambridge, MA.
Selkirk, Elizabeth (1984) *Phonology and Syntax*, MIT Press, Cambridge, MA.
瀬田幸人 (1997)『ファンダメンタル英文法』ひつじ書房，東京.
Shibatani, Masayoshi (1990) *The Languages of Japan*, Cambridge University Press, Cambridge.
Siegel, Dorothy (1974) *Topics in English Morphology*, Doctoral dissertation, MIT. [Reproduced by Garland, New York (1979)].
Stowell, Timothy (1981) *Origins of Phrase Structure*, Doctoral dissertation, MIT.
Swan, Michael (2016) *Practical English Usage*, 4th ed., Oxford University Press, Oxford.
Szpyra, Jolanta (1989) *The Phonology-Morphology Interface,* Routledge, London.
Tomoioka, Satoshi (2016) "Information Structure in Japanese," *The Oxford Handbook of Information Structure*, ed. by Féry, Caroline and Shinichiro Ishihara, 753-773, Oxford University Press, Oxford.

索　引

1. 日本語は五十音順に並べ，英語で始まるものは ABC 順で最後に一括してある。
2. 数字はページ数字を示す。

[あ行]

[か行]

[さ行]

[な行]

[は行]

［ま行］

［ら行］

［英語］

中村 浩一郎 （なかむら こういちろう）

1964年生まれ．兵庫教育大学大学院学校教育研究科 教授。専門分野は理論言語学，統語論，カートグラフィー。主要業績：“Types and Functions of *Wa*-marked DPs and their Structural Distributions”（*Information Structural Perspective of Discourse Particles*, ed. by Pierre-Yves Modicom and Olivier Duplâtre, 161-175, John Benjamins, 2020），“Another Argument for the Differences among *Wa*-marked Phrases”（*Current Issues in Syntactic Cartography: A Cross-Linguistic Perspective*, ed. by Fuzhen Si and Luigi Rizzi, John Benjamins, 2021），『統語論と言語学諸分野とのインターフェイス』（編・共著，開拓社，2021）など．

西原 哲雄 （にしはら てつお）

1961年生まれ。追手門学院大学国際学部 教授。専門は，音声学，音韻論，形態論など。主要業績：*Voicing in Japanese*（共著・共編，Mouton de Gruyter, 2005），*Lingua: Morphological Variation in Japanese*（共著・共編，Elsevier，2010），『心理言語学』（朝倉日英対照言語学シリーズ発展編2，共著・編集，朝倉書店，2017），『形態論と言語学諸分野とのインターフェイス』（編・共著，開拓社，2021）など．

ブックレット統語論・文法論概説

2023年4月6日　第1版第1刷発行

著作者　中村浩一郎・西原哲雄
発行者　武村哲司
印刷所　日之出印刷株式会社

発行所　株式会社　開 拓 社
〒112-0013 東京都文京区音羽1-22-16
電話 （03）5395-7101（代表）
振替 00160-8-39587
http://www.kaitakusha.co.jp

ISBN978-4-7589-1342-3　C1380